21 D

Arline Westmeier
Die verletzte Seele heilen
Gesundung durch Seelsorge

Arline Westmeier

Die verletzte Seele heilen

Gesundung durch Seelsorge

Blaukreuz-Verlag Wuppertal
Blaukreuz-Verlag Bern

Die Autorin Dr. Arline Westmeier ist Deutschamerikanerin. Mit ihrem Mann arbeitete sie 21 Jahre als Missionarin in Kolumbien, zunächst in der Studentenmission und im Gemeindeaufbau, dann an einem Bibelseminar. Sie studierte Psychologie (B. A.), Theologie (M. Th.) und klinische Seelsorge. 1986 kam sie mit ihrer Familie in die USA, wo sie eine staatlich anerkannte Beratungsstelle aufbaute und leitete. Seit 1992 lebt sie in Puerto Rico, wo ihr Mann als Professor an einer Theologischen Hochschule Missionstheologie lehrt. Neben ihrer Vortragstätigkeit leitet sie eine Beratungsstelle. Sie ist Mitglied der Amerikanischen Gesellschaft für christliche Therapeuten, der Christlichen Gesellschaft für psychologische Studien und ist als christliche Therapeutin vom International Christian Institute and Graduate School anerkannt.

Die Deutsche Bibliothek – CIP-Einheitsaufnahme

Westmeier, Arline:
Die verletzte Seele heilen : Gesundung durch Seelsorge / Arline Westmeier. – 6., erw. Aufl. – Wuppertal : Blaukreuz-Verl. ; Bern : Blaukreuz-Verl., 1996
ISBN 3-89175-127-3 (Wuppertal)
ISBN 3-85580-357-9 (Bern)

Umschlaggestaltung: Andreas Junge, Witten
Satz: Blaukreuz-Verlag Wuppertal
Druck und Herstellung: St. Johannis-Druckerei, Lahr

ISBN 3 89175 127 3 Blaukreuz-Verlag Wuppertal
ISBN 3 85580 357 9 Blaukreuz-Verlag Bern

Meiner Familie gewidmet:
meinem Mann Karl
und unseren Kindern
David und Ruthie,
und all unseren Freunden,
die uns an ihren Lebensgeschichten
teilhaben ließen.

Inhalt

Zur Einführung

Während der einundzwanzig Jahre, in denen mein Mann und ich als Missionare der Christian and Missionary Alliance in Kolumbien/Südamerika arbeiteten, haben wir die Lebensgeschichten vieler Menschen kennengelernt. Nach neun Jahren in der Studentenarbeit (Popayan) und der Gemeindeaufbauarbeit (Pasto und Monteria) wurden wir als Dozenten ans „Seminario Biblico Alianza de Colombia" (Armenia, später Bogotá) berufen. Bei meinem Dienst als Schulkrankenschwester und als klinische Beraterin wurde mir immer mehr bewußt, daß ich meine beim Psychologiestudium erworbenen Kenntnisse in mein Wissen über den rettenden, lebendigen Gott und meinen Glauben an ihn integrieren mußte.

Viele Seminaristen litten unter so tiefgreifenden seelischen Verletzungen, daß deren Auswirkungen auch durch ihren Glauben an Gott nicht überwunden wurden. Dank meiner Psychologiekenntnisse konnte ich die Probleme diagnostizieren, aber die Methoden der Psychologie erforderten viel zu viel Zeit, um so allen helfen zu können. Deshalb suchte ich nach neuen, besseren Wegen. Da brachte mir mein Mann eine kleine Schrift des Bischofs Uribe von Sonsón mit. In diesem Heft fand ich die Denkanstöße, nach denen ich Ausschau gehalten hatte und durch die mich Jesus Christus zu der frohmachenden Erkenntnis führte: Er will die Seele der Menschen ebenso heilen wie ihren Leib und ihren Geist.

Weil so viele Studenten in dieser Beziehung Hilfe nötig hatten, konnte ich nicht alle durch persönliche Gespräche erreichen. Nach und nach entstand deshalb eine Vortragsreihe – zunächst in Form von aufeinanderfolgenden Andachten –, die ich in unserer Kapelle und danach auch in den umliegenden Kirchen hielt. Später führte ich in vielen unterschiedlichen Denominationen und Städten Seminare und Freizeiten durch. Im Bibelseminar bot ich im Anschluß an meine Vorträge immer eine persönliche Beratung an. In den Kirchen führte ich zwischen den einzelnen Vorträgen Beratungsgespräche, soweit das zeitlich möglich war. Wer darüber hinaus noch Hilfe suchte, den verwies ich an seinen Gemeindepastor.

Als ich begann, mit den Menschen zu beten, damit sie ihre seelischen Verletzungen Jesus bringen konnten, war ich nicht auf eine derart rasche Heilung gefaßt, wie ich sie miterlebte. Ich war wie betäubt, ich konnte kaum glauben, was geschah. Da, wo eine Heilung sonst Jahre erfordert hätte, wurde innerhalb von Wochen eine merkliche Besserung sichtbar. Ich war überwältigt davon, wie sich hier die Liebe und die freundliche Zuwendung Gottes zu seinen verletzten Kindern zeigte.

Gleichzeitig wurde mir aber auch immer deutlicher, daß ich keinen „magischen Knopf" entdeckt hatte, den man nur zu drücken brauchte, um alles in Ordnung zu bringen. Auf diesem Weg zur Heilung seelischer Verletzungen, den Gott mir gezeigt hatte, war viel Mühe um den einzelnen nötig. Wer Hilfe suchte, mußte zudem bereit sein, in der Gegenwart des Herrn die Wahrheit über seine innersten Gedanken und Gefühle herauszufinden und anzunehmen – und zwar um jeden Preis. So, wie er eingestehen und anerkennen mußte: Es stimmt, was Gott über die Sünde sagt, genauso mußte er nun anerkennen: Es stimmt, was Gott in bezug auf die seelischen Verletzungen und innersten Gefühle zeigt. Genauso, wie er im Rückblick auf sein Leben seine Sünden vor Gott bekennen mußte, um Vergebung zu empfangen, mußte er nun im Gebet mit Gott noch einmal durch sein Leben gehen und ihm die Wahrheit über seine seelischen Verletzungen und seine Gefühle eingestehen, damit er geheilt werden konnte. Das kann beängstigend werden, und mancher war nicht bereit, diesen Weg zu gehen.

Ich erlebte auch mit, wie Gott gleichsam eine Schicht nach der anderen heilte. Alles, was jemand zu einer bestimmten Zeit erkennen und ihm bringen konnte, heilte er, und dann wuchs derjenige in den neu gewonnenen Lebensraum hinein. Später brachte Gott dann eine weitere „Schicht" traumatischer Erlebnisse ins Bewußtsein. Jede neue Erfahrung erschloß neue Bereiche, in denen Heilung nötig war, wie z. B. Freundschaft, Ehe, Elternschaft und anderes. Das konnte Tage dauern, Wochen oder sogar Monate und Jahre.

Wer seelische Heilung erfuhr, mußte aber auch lernen, seine neue Freiheit anzunehmen und darin zu leben. Doch was passierte, wenn er nun von neuem tiefgreifende, seelische Verletzungen erlitt? Wenn Gott ihn liebte und ihn geheilt hatte, warum waren damit nicht alle diese Probleme erledigt? Und wie konnte er anderen die Hilfe weitergeben, die er selbst erfahren hatte? Immer wieder tauchten solche und ähnliche Fragen in den Beratungsgesprächen auf. Sie führten zu dem letzten Teil meiner Vortragsreihe. Er war gleichsam ein Wort auf den Weg für die Menschen, die erkannt hatten, daß Gott in all ihren Schwierigkeiten bei ihnen gewesen war, um sie zum Dienst zu befähigen.

Ich muß noch erklären, wie ich das Wort „sehen“ verwende. Ich gebrauche es nicht als Gegensatz zu „hören“ oder im Sinn von physischem Sehen, sondern im Sinn von innerem Schauen, etwa so, wie es seinerzeit die Propheten verwandten, um zu beschreiben, wie sie Gottes Offenbarungen wahrgenommen hatten.

Die Grundlage für dieses Buch sind Nachschriften nach Tonbandaufzeichnungen meines Seminars „Innere Heilung“, das ich vor mehreren Jahren in der El Encuentro Kirche in Bogotá, Kolumbien, gehalten habe. Ich danke meinen Freunden, die sie damals von den Tonbändern in Spanisch abgeschrieben und vervielfältigt haben. Auch danke ich meiner Schwägerin Ingrid Westmeier, die mir beim deutschen Manuskript geholfen hat.

Alle Namen und viele Ortsbezeichnungen sind geändert worden, um die Anonymität der Betroffenen zu wahren, wenngleich mir alle die Erlaubnis gaben, ihre Geschichte zu erzählen.

Dieses Buch ist meinem Mann Karl und unseren Kindern David und Ruthie gewidmet, die mich durch all die Jahre ermutigt haben, in denen meine Vorträge und schließlich dies Buch Gestalt gewannen, und all den Menschen in Kolumbien, Deutschland, Schottland und den USA, die mir Einblick in ihre Lebensgeschichte gewährt haben.

Ich freue mich, daß dieses Buch nun schon in der sechsten Auflage erscheinen kann. Viele Menschen, die das Buch gelesen haben, haben mir geschrieben und mit mir darüber gesprochen. Das hat mich angeregt, das ganze Buch noch einmal zu überarbeiten. So hoffe ich, daß es nun noch besser helfen kann, „die verletzte Seele zu heilen“.

Arline Westmeier

Kapitel 1: Ganzheitliche Heilung

Stella sang den ganzen Tag vom Morgen bis zum Abend. Sie sang Loblieder und Anbetungschorusse. Sie war immer glücklich – so glücklich, daß ich irgendeinen verborgenen Kummer bei ihr vermutete. Einfach deshalb, weil jeder Mensch irgendwann einmal des Morgens mit Bauchschmerzen oder einer anderen Unpäßlichkeit aufwacht und ihm einfach nicht zum Singen zumute ist. Stella aber sang jeden Tag.

Als ich sie näher kennengelernt hatte, fragte ich sie schließlich: „Stella, könnte es sein, daß du eine tief verborgene seelische Verletzung hast?"

Stella sah mich eine Minute lang stumm an, dann senkte sie ihren Kopf und sagte: „Ja. Ich habe ein Problem."

Als sechsjähriges Mädchen war Stella vergewaltigt worden. Dieser Vorfall, den sie „mein Problem" nannte, hatte bei ihr das Gefühl zurückgelassen, vollkommen wertlos zu sein. Sie hatte nur noch den einen Wunsch gehabt: zu sterben und noch einmal von neuem anfangen können zu leben. Eines Tages hörte sie, wie ein Prediger auf der Straße gerade seine Zuhörer fragte: „Willst du ein neues Leben beginnen?" Stella dachte bei sich: „Das ist genau das, was ich mir wünsche." Noch am selben Tag übergab sie Jesus ihr Leben und wurde so ein Kind Gottes. Der Schmerz über ihre Vergangenheit allerdings blieb.

Als Stella einmal versuchte, mit ihrem Seelsorger darüber zu sprechen, sagte dieser: „Erwähne diesen Vorfall nie wieder. Er fällt unter die Vergebung! Vergiß ihn!"

Stella versuchte das, aber es gelang ihr nicht. Je mehr sie sich bemühte, alles zu vergessen, desto genauer erinnerte sie sich an jede Einzelheit. Deshalb fing sie an zu singen, vom Morgen bis zum Abend. Sie versuchte, ihren Schmerz mit Liedern zu übertönen.

Gemeinsam baten wir nun Jesus, Stella durch ihre Vergangenheit zu begleiten. All ihren Schmerz über die Vergewaltigung bürdeten wir ihm auf in der Gewißheit, daß er nicht nur für ihre Sünden, sondern auch für ihre seelischen Verletzungen gestorben war. Auf diese Weise wurde Stella vom Schmerz über ihre Vergangenheit frei. Sie mußte nun nicht mehr vom Morgen bis zum Abend singen.

Einige Zeit später wechselte Stella die Arbeitsstelle und lernte für ihr Abitur. Jahre vergingen, bevor ich ihr wieder begegnete.

„Wie geht's mit deinem Problem?“ fragte ich.

„Mein Problem? Was für ein Problem?“ fragte sie zurück. „Meine Zeugnisse sind gut. Ich habe nicht das geringste Problem!“

„Nein, nein, das nicht. Ich meine das Problem, über das wir vor ein paar Jahren miteinander sprachen.“

„Ach das! Nein, das ist vorbei. Ich denke gar nicht mehr dran. Ich habe damit keinerlei Schwierigkeiten mehr.“

Gott hatte jenen Schmerz, den sie über viele Jahre nicht hatte vergessen können, vollkommen geheilt.

Gottes Heilung

Wie war es möglich, daß Stella so tiefgreifend geheilt wurde? Diese Frage läßt sich nur beantworten, wenn wir bedenken, daß Gott, weil er uns gemacht hat, uns besser kennt als wir selbst. Psychologen, die das menschliche Wesen erforschen, können bestimmte Fakten und Gesetzmäßigkeiten herausfinden. Aber nur Gott, der uns geschaffen hat, weiß genau, wie er alles gemacht hat, das in uns ist. Wenn irgend etwas in uns nicht mehr richtig funktioniert, weiß er genau, wo das Problem liegt.

Der Prophet Jesaja sagte in bezug auf den kommenden Messias, Jesus Christus (Jesaja 61, 1-4): „Der Geist Gottes des Herrn ist auf mir, weil der Herr mich gesalbt hat. Er hat mich gesandt, den Elenden gute Botschaft zu bringen, die zerbrochenen Herzen zu verbinden, zu verkündigen den Gefangenen die Freiheit, den Gebundenen, daß sie frei und ledig sein sollen; zu verkündigen ein gnädiges Jahr des Herrn und einen Tag der Vergeltung unseres Gottes, zu trösten alle Trauernden, zu schaffen den Trauernden zu Zion, daß ihnen Schmuck statt Asche, Freudenöl statt Trauerkleid, Lobgesang statt eines betrübten Geistes gegeben werden, daß sie genannt werden ‚Bäume der Gerechtigkeit', ‚Pflanzung des Herrn', ihm zum Preise. Sie werden die alten Trümmer wieder aufbauen und, was vorzeiten zerstört worden ist, wieder aufrichten." Als Jesus diesen Abschnitt am Beginn seines Dienstes zitierte, fügte er hinzu: „Heute ist dieses Wort der Schrift erfüllt vor euren Ohren" (Lukas 4, 21).

Jesus ist also gekommen, um die zerbrochenen Herzen zu verbinden, um Schmuck statt Asche zu geben, Freude statt Trauer, Lobgesang statt Verzweiflung. Er kam, um die Gefangenen zu befreien, auch diejenigen, die Gefangene ihrer eigenen Komplexe sind. Jesus kam, um uns Freiheit zu geben.

In Psalm 147, 3 heißt es: „Er heilt, die zerbrochenen Herzens sind, und verbindet ihre Wunden." Gott schimpft nicht mit uns, wenn wir innerlich verletzt sind; er sorgt für uns und heilt uns. Er hat Mitgefühl mit uns. Er versteht, wie verletzt wir uns fühlen, und hat nur den einen Wunsch, uns zu heilen.

In Jesaja 53,4.5 steht: „Fürwahr, er trug unsre Krankheit und lud auf sich unsre Schmerzen. Wir aber hielten ihn für den, der geplagt und von Gott geschlagen und gemartert wäre. Aber er ist um unsrer Missetat willen verwundet und um unsrer Sünde willen zerschlagen. Die Strafe liegt auf ihm, auf daß wir Frieden hätten, und durch seine Wunden sind wir geheilt."

Wir wollen Vers vier genauer ansehen: „Er trug unsre Krankheit und lud auf sich unsre Schmerzen." Das im hebräischen Grundtext gebrauchte Wort für Krankheit meint Leiden im umfassenden Sinn. Das mit Schmerzen übersetzte Wort bezeichnet auch den Kummer. Während mit Krankheit vor allem die körperlichen Leiden gemeint sind, betrifft der Kummer unsere Seele. Dann geht der Vers weiter: „Er war zerschlagen um unsrer Sünde willen." Krankheit, Kummer und Sünde sind unterschiedliche Dinge und berühren uns in unterschiedlichen Bereichen unseres Daseins.

In 1. Thessalonicher 5, 23.24 schreibt Paulus: „Der Gott des Friedens heilige euch durch und durch und bewahre euren Geist samt Seele und Leib unversehrt, untadelig für die Ankunft unseres Herrn Jesus Christus. Treu ist er, der euch ruft; er wird's auch tun."

In diesem Vers werden drei Bereiche im Menschen angesprochen: Geist, Seele und Leib. Dabei ist mit „Geist" nicht der Verstand des Menschen gemeint, sondern jener Bereich, der ihn befähigt, mit der übernatürlichen Welt – das heißt mit Gott, aber auch mit Satan – in Verbindung zu kommen. Verstand und Gefühl werden der Seele zugeordnet.

Die drei Bereiche Geist, Seele und Leib bilden eine Einheit. Man kann das mit den drei Seiten eines Dreiecks darstellen:

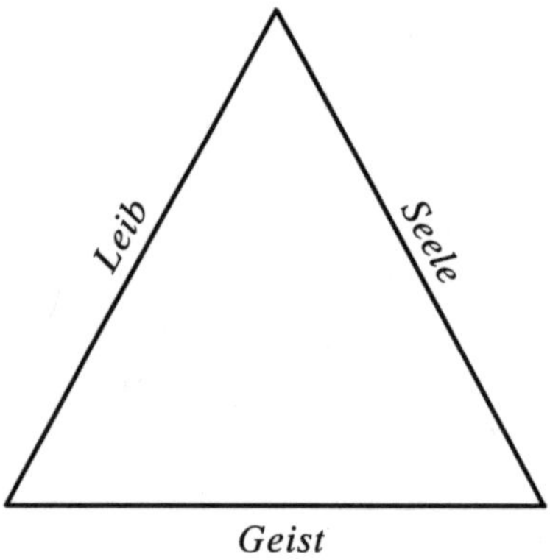

Heilung des Geistes

In christlichen Gemeinden und Kirchen wird viel darüber gesprochen und gepredigt, daß Jesus gekommen ist, um uns Vergebung unserer Sünden und damit Heilung für unseren Geist zu bringen. Das ist die Grundlage für jede weiterreichende Heilung. Um das zu veranschaulichen, soll diese geistliche Heilung als Grundlinie in dem Dreieck unten eingezeichnet werden.

Wenn wir uns Jesus anvertrauen, dann reinigt er uns von Sünde und macht uns zu Kindern Gottes. So werden wir gerettet. Nun gibt es in der griechischen Sprache für unsere beiden Begriffe „retten“ und „heilen“ nur das eine Wort „sozo“. Das bedeutet, daß unsere geistliche Rettung zugleich auch unsere geistliche Heilung ist. Beides gehört untrennbar zusammen.

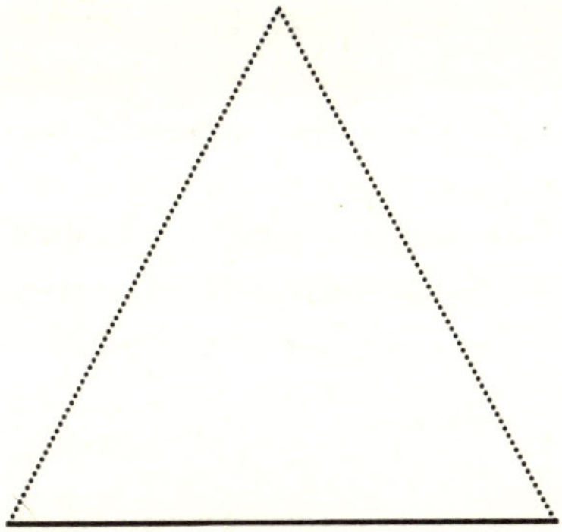

Heilung des Geistes als Grundlage für jede weitergehende Heilung

Heilung des Leibes

In der Bibel wird aber auch die Heilung des Leibes, des Körpers angesprochen. So steht zum Beispiel in Jakobus 5, 14.15, daß, wer krank ist, die Ältesten der Gemeinde rufen soll. Die sollen ihn mit Öl salben und für ihn beten, und so soll er geheilt werden. In Kolumbien, wo wir viele Jahre arbeiteten, wurde in den christlichen Gemeinden viel über körperliche Heilung gesprochen. Manchmal wurden große Versammlungen veranstaltet, in denen besonders für die Kranken gebetet wurde. Auch für uns ist es wich-

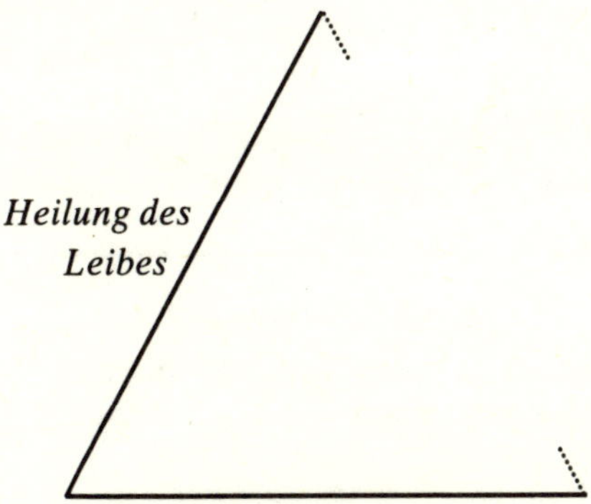

tig, über die Heilung von körperlichen Krankheiten zu sprechen. Ich möchte jedoch hier nicht weiter darauf eingehen, weil es nicht Thema dieses Buches ist. Aber wir wollen für die Heilung des Körpers eine weitere Linie zu unserem Dreieck hinzufügen.

Wenn wir nun hier stehenblieben, wie viele Christen das tun, dann bliebe ein wesentlicher Bereich des menschlichen Lebens, die Seele, von der Heilung durch Jesus ausgeschlossen.

Heilung der Seele

Die Seele ist ein sehr wichtiger Teil der Persönlichkeit. Dennoch wird in unseren Kirchen kaum über die Heilung der Seele gesprochen. Dieses Gebiet überläßt man meist Psychologen oder Psychiatern, ganz gleich, ob sie nun an Jesus Christus glauben oder nicht. Aber Jesus starb, um uns nicht nur Heilung für unseren Geist und unseren Leib zu bringen, sondern auch für unsere Seele. Deshalb soll unser Dreieck nun mit einer dritten Linie, die die Heilung der Seele veranschaulicht, vervollständigt werden.

Alles das geschieht durch Gebet

In den christlichen Gemeinden in Kolumbien wird viel für geistliche Probleme gefastet und gebetet. Oftmals werden dabei auch Dämonen ausgetrieben. Wenn irgendwo Dämonen am Werke sind, müssen sie ohne Frage ausgetrieben werden. Aber mitunter liegen die Wurzeln der Probleme, um die es geht, gar nicht im geistlichen Bereich. Manchmal sind sie seelisch begründet, und dann kann es, solange nicht die seelischen Wunden geheilt sind, nur sehr wenig geistliches Wachstum geben.

Jorge zum Beispiel hatte große Probleme in seinem geistlichen Leben. Deshalb hatten Mitchristen aus seiner Gemeinde sieben Mal versucht, Dämonen bei ihm auszutreiben. Trotzdem ging es Jorge nicht besser, denn die Wurzeln seiner Schwierigkeiten lagen nicht im geistlichen, sondern im seelischen Bereich. Sein Vater hatte ihn tief verletzt. Als Jesus diese seelischen Erschütterungen geheilt hatte, waren auch die „Dämonen" verschwunden.

Viele Christen glauben, daß ihre Lebensprobleme für alle Zeiten gelöst werden, wenn sie sich Jesus anvertrauen und auf diese Weise geistlich heil werden. Aber meist dauert es nicht lange, bis sie merken, daß sie immer noch von bestimmten Dingen aus ihrer Vergangenheit beeinflußt werden, zum Beispiel wenn sie sich fortwährend bedrückt fühlen oder unter Komplexen leiden.

Dann fragen sie sich verunsichert: „Ist denn durch die Vergebung doch nicht alles aus meiner Vergangenheit bereinigt? Ist doch nicht alles, was mir in meinem Leben begegnet ist, in Ordnung gebracht?" Es stimmt, daß Gott uns alle Schuld vergibt, wenn wir ihn darum bitten. Aber das bedeutet nicht unbedingt, daß auch alles andere heil geworden ist, weil hier zwei verschiedene Bereiche der Persönlichkeit betroffen sind. Bei der Vergebung geht es darum, daß wir im geistlichen Bereich eine neue Beziehung zu Gott erlangen. Bei der Heilung von tiefen seelischen Erschütterungen geht es jedoch um die Heilung des seelischen Schmerzes.

Ich benutze das Wort „Heilung" allerdings mit einer Einschränkung. Bevor wir in der Ewigkeit sind, werden wir niemals vollkommen heil sein und bleiben. Was unseren Körper betrifft (wer bleibt schon lebenslang verschont von Erkältungskrankheiten und kleinen Unpäßlichkeiten) und unseren Geist (immer wieder einmal werden wir im Kampf gegen Anfechtung und Versuchung unterliegen), das gilt auch für unsere Seele: Immer wieder einmal werden wir unter seelischen Schwierigkeiten leiden, beispielsweise unter einem gelegentlichen Gefühl der Depression oder unter bestimmten Komplexen. Das gehört zu unserem Leben dazu, und in der Regel werden wir damit auch ohne große Mühe fertig. Wer aber so schwere Depressionen und Komplexe hat oder so tiefgreifende Schwierigkeiten im Umgang mit anderen, daß er in seinem täglichen Leben nicht mehr zurechtkommt (auch wenn er deshalb nicht zur Behandlung in eine psychiatrische Klinik muß), der braucht die Heilung Jesu für seine seelischen Schmerzen und Verletzungen.

Wenn sie ihr Leben Jesus ausgeliefert haben, so meinen viele Christen, dann müsse ihr Alltag von diesem Augenblick an mit himmlischem Glanz erfüllt sein, jede Schwierigkeit müsse bewältigt und jede Anfechtung besiegt werden. Sie scheinen zu glauben, „wahre Christen" könnten keine seelischen Probleme haben. Wenn sie nur „geistlich" genug seien, lösten sich alle Probleme von allein.

Nach einem meiner Vorträge im Bibelseminar in Kolumbien sagte eine Studentin, sie habe hier zum ersten Mal gehört, daß auch ein echter Christ seine seelischen Schwierigkeiten offen zugeben dürfe. „Ich habe immer geglaubt, daß für einen Christen alles glatt gehen und er immer voll Freude sein müsse", gestand sie. Andernfalls würde man ja den Eindruck vermitteln, Jesus sei machtlos.

Doch Jesus geht es nie um einen „guten Eindruck". Er möchte, daß wir vor ihm in der Wahrheit leben. Was das in bezug auf unsere Sünde bedeutet, ist uns meist klar. Wir wissen, daß Jesus uns nicht vergeben kann, solange wir uns nicht zu dem stellen, was wir verkehrt gemacht haben, sondern es als „Kavaliersdelikt" bagatellisieren.

Entsprechendes gilt für unsere seelischen Verletzungen. Solange wir sie uns selbst und ihm nicht eingestehen, sondern sie herunterspielen, kann er uns nicht helfen und innerlich heil machen.

Was es im einzelnen bedeutet, wenn Jesus unsere seelischen Verletzungen heilt, können wir nur verstehen, wenn wir einiges über die Funktion der Seele wissen. Wir wollen darauf im nächsten Kapitel eingehen.

Kapitel 2: Die Funktion der Seele

Warum können uns Geschehnisse, die viele Jahre zurückliegen, manchmal bis in die Gegenwart hinein so erhebliche Schwierigkeiten machen? Wir mögen sagen: „Ach, das tut jetzt nicht mehr so weh“ oder „Es ist vergessen!“ Trotzdem leiden wir unter Depressionen oder Komplexen. Wie kommt das? Und was geschieht, wenn Jesus unsere emotionalen Wunden heilt? Um das verstehen zu können, müssen wir etwas über die Funktion der Seele wissen.

Das Bewußtsein

Mit dem Bewußtsein, einem bestimmten Bereich unserer Seele, nehmen wir wahr, was um uns herum geschieht. Die folgende Zeichnung soll das veranschaulichen:

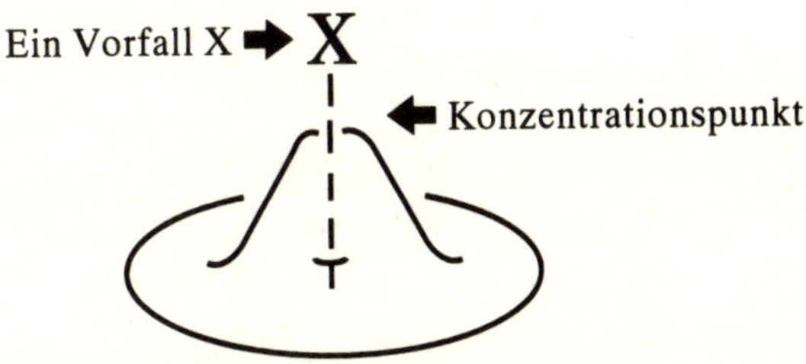

Das Bewußtsein

Stellen wir uns vor, in einem Konferenzraum ist ein Zuhörer auf das konzentriert, was der Redner sagt. Zu gleicher Zeit nimmt er mit einem anderen Teil seines Bewußtseins wahr, daß das Licht angeschaltet ist, daß jemand neben ihm sitzt und, wenn der Raum nahe an einer Hauptstraße liegt, daß Verkehrsgeräusche von draußen hereindringen. Wenn er dann aber seine Aufmerksamkeit auf ein im Hintergrund schreiendes Baby richtet, nimmt er das, was der Redner sagt, mit einem anderen Bereich seines Bewußtseins nur noch undeutlich wahr. In jedem Fall registriert er viele unterschiedliche Dinge gleichzeitig, die in dem Raum geschehen.

Das Unterbewußtsein

Können Sie sich an das erinnern, was gestern geschehen ist genau zu der Uhrzeit wie jetzt, wo Sie diese Zeilen lesen? Wahrscheinlich noch recht mühelos mag Ihnen nun einfallen, daß Sie da gerade im Haus oder im Büro gearbeitet oder einen Besuch bei Freunden gemacht haben. Schwieriger wird es, wenn man versucht, sich an das zu entsinnen, was sich vor zwei Wochen ereignet hat, vor einem Monat, vor einem Jahr oder sogar vor fünf Jahren. Je weiter die Zeit zurückliegt, desto schwieriger ist es, sich daran zu erinnern. Das liegt daran, daß die Geschehnisse vom Bewußtsein ins Unterbewußtsein abgesunken sind. Man kann das wie folgt darstellen:

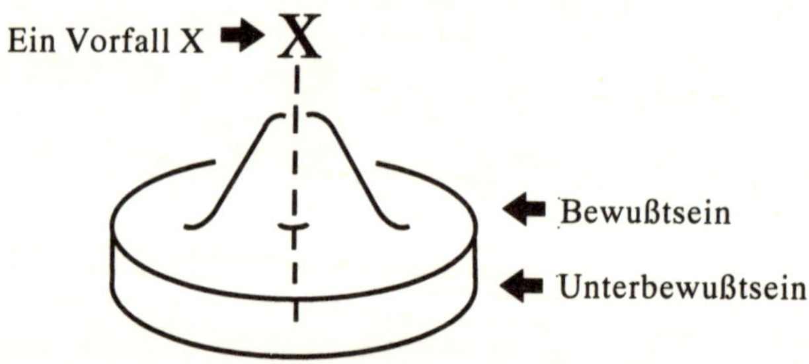

Mit dem Bewußtsein nehmen wir unsere täglichen Eindrücke und Erfahrungen auf. Es ist einfach, sich an das zu erinnern, was sich gerade eben zugetragen hat. Nach einiger Zeit sinken die Eindrücke jedoch ins Unterbewußtsein ab, und wir können uns dann nur noch daran erinnern, wenn wir uns darauf konzentrieren. Je mehr Zeit vergeht, desto schwerer ist es, sich an das, was geschehen ist, zu entsinnen.

Das Unbewußtsein

Können Sie sich an das erinnern, was Sie heute vor fünf, zehn oder fünfzehn Jahren getan haben? Außer, wenn es sich um besonders herausragende Ereignisse gehandelt hat, wahrscheinlich nicht, denn Ihre Erinnerungen sind inzwischen ins Unbewußtsein gesunken und können deshalb nicht mehr zurückgerufen werden. Wir wollen das so illustrieren:

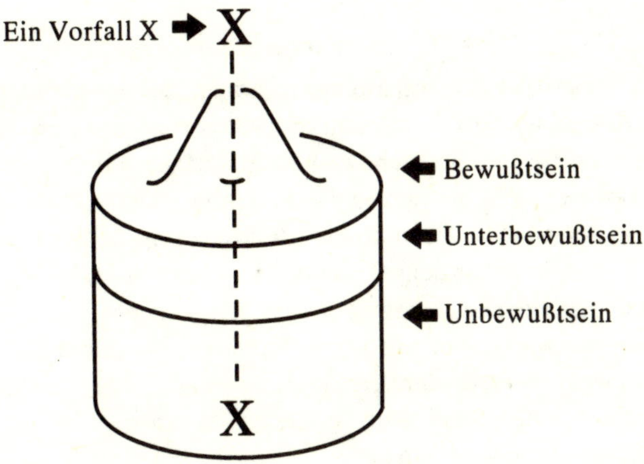

Diesen Prozeß nennt man passives Vergessen. Er ist normal und gut, denn es wäre nicht verkraftbar, sich ständig all der Dinge bewußt zu sein, die man von Geburt an erlebt hat. Man hätte dann in seinem Bewußtsein bald keinen Platz mehr für neue Eindrücke.

Eine zweite Form des Vergessens ist das sogenannte aktive Vergessen. Wenn man etwas so Schmerzhaftes erlebt, daß man es nicht ertragen kann, verdrängt man es automatisch.

Wir können uns im Unbewußtsein eine Verdrängungslinie vorstellen, wie das in der folgenden Illustration dargestellt ist:

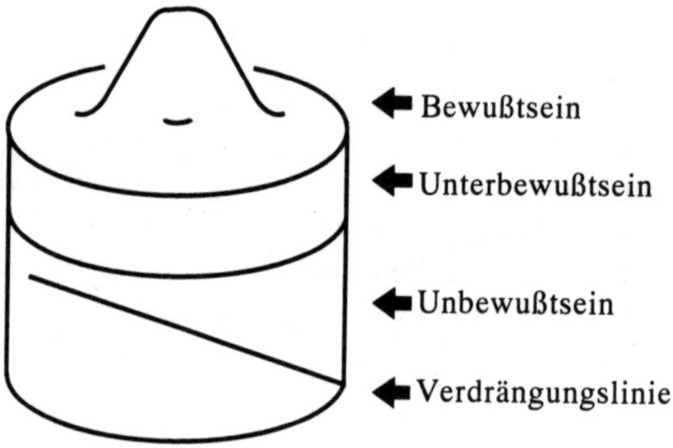

Wenn wir etwas Schmerzhaftes verdrängen, das wir nicht ertragen, dann können wir uns nicht mehr an den Vorfall erinnern. Aber die Erinnerung ist deshalb nicht ausgetilgt. Erfahrungen bei manchen Gehirnoperationen, bei denen die Patienten nicht voll narkotisiert werden, zeigen das. Wenn kleine Elektroden ins Gehirn eingesetzt werden, durch die ein schwacher elektrischer Strom fließt, erinnert sich der Patient manchmal an längst Vergangenes, wie zum Beispiel an ein Wiegenlied aus seiner Kindheit. Wenn die Elektroden dann bewegt werden, sieht er vielleicht das Gesicht eines früheren Freundes vor sich oder hört ein Gespräch, an dem er vor langer Zeit einmal teilgenommen hat.

Das zeigt, daß nichts von dem, was wir erlebt haben, ausgelöscht ist. Wir können uns zwar nicht an alles entsinnen. Aber das bedeutet nicht, daß die Erinnerung daran nicht mehr existiert. Sie wird tief in unserem Unbewußtsein aufbewahrt. Der Prozeß des Verdrängens kann folgenderweise dargestellt werden:

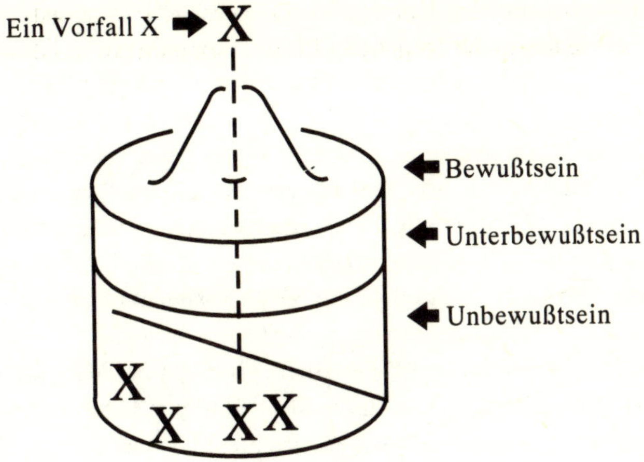

Verdrängungslinie

Verdrängte Erfahrungen

Wenn wir Erlebnisse verdrängen, glauben wir, daß wir vergessen haben, was geschehen ist. Aber die Erinnerung daran ist immer noch vorhanden. Später verdrängen wir vielleicht noch weitere Erfahrungen. Und schließlich beginnen diese Dinge sich von neuem zu regen und uns von tief innen heraus zu beunruhigen, und dann tun wir auf einmal Dinge, die wir selbst nicht verstehen.

Manche unserer Redensarten zeigen, wie wir in bestimmten Situationen den Prozeß des Verdrängens selbst herbeiwünschen. „Das möchte ich so schnell wie möglich vergessen“, sagen wir dann, oder: „Sprechen wir nicht mehr darüber.“ Vielleicht bitten wir sogar Gott darum, daß er uns vergessen läßt, was geschehen ist. Aber auch wenn uns das gelingt, ist deshalb die Erinnerung doch nicht tot. Warum ist das so?

Unsere Erinnerungen werden in unserem Unbewußtsein als Bilder oder Szenen aufbewahrt, und zusammen mit diesen Szenen die Gefühle, die wir dabei hatten. Wenn wir etwas sehen oder erleben, das der verdrängten Szene ähnelt, dann werden die alten Gefühle wieder erweckt und nochmals erlebt.

In unserem Unbewußtsein gibt es die Begriffe Zeit oder Worte nicht. Zeit und Worte sind Teil unseres Bewußtseins und Unterbewußtseins. Deshalb kann man über schwere Erinnerungen reden und reden, und doch bleibt der Schmerz so lange, bis auch die Szenen, an die wir uns erinnern, sich wandeln. Gott weiß das, und er hat versprochen, uns Schönes anstelle der „Asche“ zu geben, die wir in unserer Erinnerung mit uns herumtragen. In dem Bibelabschnitt Jesaja 61,1-4, den ich im ersten Kapitel schon einmal anführte, wird das gesagt. Die qualvolle Szene, die sich uns eingeprägt hat, soll in etwas Schönes verwandelt werden.

Was passiert, wenn verdrängte Erlebnisse aus der Vergangenheit mit den dazugehörigen Gefühlen durch ähnliche Begebenheiten in der Gegenwart wieder aufwachen, erlebte ich selbst einmal, als ich die Krankenpflegeschule besuchte. Wir hatten dort fünf Lehrschwestern, die uns in allem unterwiesen, was wir für den Schwesternberuf brauchten: Betten machen, Injektionen geben, Verbände anlegen und vieles andere mehr. Immer, wenn Frau Tiffany mich bei der Arbeit beaufsichtigte, kam ich mir vor, als hätte ich zwei linke Hände und als wären alle meine Finger in Daumen verwandelt. Nichts konnte ich in ihrer Gegenwart richtig machen. Wenn eine der anderen Lehrschwestern mich beaufsichtigte, gelang mir alles wirklich gut, denn ich hatte schon einige Zeit als Pflegehelferin im Krankenhaus gearbeitet und konnte deshalb vieles schon. Warum alles schief ging, wenn Frau Tiffany in der Nähe war, war mir selbst unerklärlich.

Eines Tages nahm sie mich beiseite und fragte mich, warum ich mich so eigenartig verhielte, wenn sie mich beobachte. Ich hatte solche Angst vor ihr, daß ich kaum antworten konnte. Mit leiser Stimme versicherte ich ihr, daß überhaupt nichts verkehrt sei, daß alles vollkommen in Ordnung sei. Ich wagte nicht, ihr zu sagen, daß es mich schon in Angst versetzte, wenn sie mir nur nahe kam.

Später, als ich Psychologie studierte und die Sache aus psychologischer Sicht beurteilen konnte, wurde mir der Zusammenhang klar. Frau Tiffanys Gesicht ähnelte sehr stark dem einer Lehrerin aus meinem dritten Schuljahr, die mich verängstigt hatte. Einige Male hatte sie mich zu Unrecht bestraft. So ließ sie mich zweimal eine halbe Stunde lang auf dem Podium vor der Klasse stehen zur Strafe für eine Sache, die ich gar nicht getan hatte.

Ich hatte solche Angst vor ihr, daß ich nicht mehr normal laut zu ihr sprechen konnte. Meine Stimme war nur noch ein Flüstern. Dann sagte sie zu mir in ihrer Ratlosigkeit: „Wenn du draußen auf dem Schulhof bist, kannst du rufen und schreien. Warum um alles in der Welt sprichst du, wenn du hier bei mir im Klassenraum bist, nicht laut genug, daß ich dich verstehen kann?“ Aber je mehr sie mit mir schimpfte, desto leiser wurde meine Stimme. Jetzt, zwölf Jahre später, ging alles schief, was ich unter der Aufsicht von Frau Tiffany machte, wenngleich das nicht an ihr lag. Als sie versuchte, herauszufinden, was nicht stimmte, merkte ich, wie meine Stimme immer leiser wurde, bis ich nur noch flüsterte. Ich konnte ihr nur versichern, daß alles vollkommen in Ordnung war – in der Hoffnung, daß sie mich dann in Ruhe lassen und weggehen würde.

Jene Vorkommnisse aus meinem dritten Schuljahr hatte ich vollkommen vergessen. Trotzdem ließ mich diese unbewußte Erinnerung in einer Weise handeln, die ich mir selbst nicht erklären konnte. Die Erinnerung war nicht tot. Sie war sehr lebendig.

Die Geschichten von Alice und Gloria zeigen, wie tief Erlebnisse und Gefühle verdrängt werden können.

Alice

Alice hatte Probleme mit jedem ihrer Kollegen. Allerdings, so behauptete sie, war nicht sie selbst daran schuld. Es waren immer die anderen, die Schwierigkeiten machten. Eines Tages fragte ich sie nach ihrer Kindheit – wie sie sich gefühlt habe, was für seelische Erschütterungen sie erlitten habe.

„Arline“, sagte sie mit Nachdruck, „ich bin nicht wie andere Leute, die sich an ihre Kindheit erinnern können. Von der Zeit vor meinem elften Lebensjahr weiß ich überhaupt nichts mehr. Nur an eine einzige Sache kann ich mich erinnern, und zwar wie mir erzählt wurde, mein Bruder habe sich so über meine Geburt gefreut, daß er in die ganze Nachbarschaft lief und allen erzählte, er habe nun eine kleine Schwester. An etwas anderes erinnere ich mich nicht.“

Ich fragte mich: Könnte die Wurzel ihrer Probleme eine so schwere seelische Erschütterung sein, daß sie jegliche Erinnerung daran verdrängt hat?

Einige Zeit später hatte Alice wieder einmal eine Auseinandersetzung mit jemandem. Sie wollte mit mir darüber reden, aber wir konnten uns erst drei Monate später treffen. Und da war sie kaum noch imstande, über das zu sprechen, was geschehen war.

„Ich glaube, so war es in etwa“, sagte sie, „aber ich kann mich einfach nicht mehr an die Einzelheiten erinnern. So geht das immer, wenn ich etwas erlebe, das mich verletzt. Kurze Zeit danach ist die Erinnerung daran vollkommen verschwunden.“

An diesem Tag beteten wir wegen der schmerzlichen Erfahrungen, an die sie sich zu diesem Zeitpunkt erinnern konnte. Und wir baten Gott, daß er ihr all die seelischen Erschütterungen ins Gedächtnis zurückbringen möge, die sie „vergessen“ hatte.

Ein Jahr später trafen wir uns wieder. „Stell dir vor“, sagte sie, „ich kann mich jetzt an viel mehr Dinge aus meiner Kindheit erinnern.“

Ursprünglich hatte Alice eine fast vollständige geistige Blockade gehabt. Als sie sich aber über das Wenige aussprach, woran sie sich erinnern konnte, heilte Jesus diesen Teil. Andere, tiefer liegende schmerzhafte Erlebnisse konnten an die Oberfläche kommen.

Kürzlich hatte Alice wieder Probleme mit jemandem, der sie nicht verstehen konnte. Diese neue schmerzhafte Erfahrung brachte ihr auch einige andere Erlebnisse ins Gedächtnis, die sie „vergessen“ hatte. Sie erinnerte sich nun daran, daß sie mit ihren Eltern nie über irgend etwas Negatives hatte sprechen dürfen. Sie duldeten keine Probleme. Alice mußte sich immer als glückliches und sorgenfreies Kind zeigen.

Das führte dazu, daß sie sich von ihren Eltern abgelehnt fühlte, und so lehnte sie ihrerseits ihre Eltern ab. Aber den Gedanken, ihre eigenen Eltern abzulehnen, konnte sie nicht ertragen, und deshalb übertrug Alice ihre Ablehnung auf sich selbst. Später, als sie Jesus als Herrn angenommen hatte, konnte sie sich dies alles erst recht nicht eingestehen, denn in ihren Augen hatte ein Christ perfekt zu sein. Deshalb verdrängte sie den gesamten Prozeß.

Als Alice schließlich diesen ganzen komplizierten Vorgang des Ablehnens und Verdrängens selbst durchschaute und Jesus bat, das alles zu tragen, wurde ihr Leben von Grund auf verwandelt.

Gloria

Gloria war Studentin an dem Seminar in Kolumbien, an dem mein Mann und ich unterrichteten. Sie besuchte uns häufig in unserer Wohnung, aber niemals hätten wir vermutet, daß sie meinen Mann und mich gefühlsmäßig als ihre Eltern „adoptiert" hatte. Einmal, als wir in die Ferien gefahren waren, informierte man uns telefonisch, daß Gloria schwer erkrankt sei. Wir fuhren zurück, weil sich sonst niemand um Gloria kümmern konnte, und wir trafen sie vollkommen durcheinander an. Zu allen wollte sie von Jesus predigen. Barfuß und im Nachtzeug predigte sie den jungen Männern in deren Schlafraum. Sie predigte den Katzen und Hunden. Und wenn überhaupt keiner da war, predigte sie den Möbeln und dem Wind. Wie war es zu dieser schweren seelischen Erkrankung gekommen?

Glorias Mutter, die selbst einige Zeit in einer psychiatrischen Klinik gewesen war, hatte ihre Tochter in den ersten fünf Lebensjahren sehr geliebt. Doch danach konnte Gloria ihrer Mutter plötzlich nichts mehr recht machen. Alles was sie tat, schien ihrer Mutter zu mißfallen. Zu den jüngeren Geschwistern sagte sie: „Gloria taugt nichts. Ihr braucht gar nicht hinzuhören, wenn sie euch etwas sagt."

Jeden Sonntag schloß die Mutter ihre Kinder im Haus ein und ging zur Kirche. Gloria war dafür verantwortlich, daß die jüngeren Geschwister keinen Unsinn machten oder etwas beschädigten. Natürlich hörten sie nicht auf Gloria und machten, was ihnen paßte. Wenn dann die Mutter zurückkam, schimpfte sie Gloria wegen des Betragens der Geschwister aus.

„Sieh dir das an!" schrie die Mutter dann, „habe ich dir nicht immer gesagt, daß du nichts taugst? Nun sieh dir an, was die Kleinen gemacht haben!"

Und zu den kleinen Geschwistern sagte sie wieder: „Seht ihr? Ich habe euch ja gesagt, daß Gloria unfähig ist. Ihr braucht gar nicht auf sie zu hören!“

Schließlich konnte Gloria es nicht mehr ertragen und zog zu einer verheirateten Schwester. Ihre Schwester akzeptierte sie, und so hatte Gloria für einige Zeit ein gutes Zuhause. Drei Jahre später allerdings wurden ihre Schwester und deren Mann – ein Pastor – in eine abgelegene Gemeinde tief im Urwald versetzt; Gloria konnte nicht mit ihnen gehen. Weil sie nicht wußte, wo sie nun bleiben sollte, kam sie in unser Seminar, um zu studieren. Ihren Freund mußte sie zurücklassen.

Gloria war uns in unserer Wohnung immer willkommen. Sie war fleißig und half, wo es möglich war. Die anderen Studenten gingen nach der Kaffeepause immer gleich wieder weg zu ihren Unterrichtsstunden, ohne an das schmutzige Geschirr zu denken, das sie hinterließen. Gloria ging nie, bevor nicht die letzte Tasse wieder sauber gespült im Schrank stand.

Als das Semester zu Ende war, fuhren die meisten Studenten in die Ferien nach Hause. Gloria konnte nirgends hingehen, und so blieb sie im Seminar und arbeitete in der Bibliothek.

Als dann auch wir in die Ferien fuhren, wollte Gloria ihren Freund besuchen. In ihrer Heimatgemeinde traf sie ein Mädchen an, das ihr gestand: „Ich bin schrecklich verliebt in deinen Freund. Ich werde zu einer Hexe gehen, damit sie ihn bespricht. Dann verläßt er dich und kommt zu mir.“

Arme Gloria. Ihre Mutter hatte sie im Stich gelassen. Ihre Schwester hatte sie im Stich gelassen, indem sie umgezogen war. Wir hatten sie im Stich gelassen, als wir in die Ferien gefahren waren. Der einzige, von dem sie sich von sich aus für einige Zeit getrennt hatte, war ihr Freund gewesen. Und nun würde sie ihn verlieren. Das konnte sie nicht auch noch verkraften. Sie wurde seelisch krank.

Ich flog mit ihr in eine andere Stadt zu einem christlichen Psychiater, der sie für einige Zeit in seine Familie aufnehmen und behandeln wollte. Als er sie fragte, wer ihre Eltern seien, antwortete Gloria: „Karl und Arline.“ Sie meinte meinen Mann und mich. Ihre wirklichen Eltern hatten sie so tief verletzt, daß sie jede Erinnerung an sie verdrängt hatte. Sie konnte sich nicht mehr an sie erinnern. Erst nach Wochen psychiatrischer Behandlung wurde ihr bewußt, daß wir nicht ihre Eltern waren.

Das zeigt, wie seelische Verletzungen so tief verdrängt werden können, daß wir meinen, sie seien für immer ausgelöscht. Aber sie sind nicht tot. Wir können uns nur nicht an sie erinnern.

Als ich für meinen Universitätsabschluß arbeitete, machte ich mit anderen Studenten zusammen ein Praktikum in einer Tagesklinik für psychisch Kranke. Wir halfen ihnen, ihre seelischen Verletzungen in Worte zu fassen und sie gefühlsmäßig nachzuerleben. Wenn sie so weit gelangt waren, konnten wir ihnen letztlich nur noch sagen: „Nun akzeptieren Sie das, was geschehen ist, und leben Sie damit!"

Diesen Leuten ging es dann zwar besser. Ihre seelischen Verletzungen schmerzten nicht mehr so stark. Sie konnten besser damit umgehen. Durch eine psychotherapeutische Behandlung kann man einem Menschen in der Tat helfen, auf die vergangenen Schwierigkeiten, Verletzungen und Probleme zurückzublicken und dann so mit ihnen zu leben, daß sie nicht mehr so schmerzhaft sind. Aber mit keiner Psychologie der Welt kann man die schmerzhaften Erlebnisse ungeschehen machen. Auch Jesus verändert die Ereignisse der Vergangenheit nicht, wenn er uns heilt, und läßt uns nicht vergessen, was geschehen ist. Viele Leute scheinen das zu glauben. Aber genausowenig wie im körperlichen Bereich, geschieht das auch nicht im seelischen. An einem Erlebnis aus meinem Leben will ich das verdeutlichen.

Ich habe an meinem rechten Knie eine fünf Zentimeter lange Narbe. Ich weiß noch genau, was sie verursacht hat. Acht Jahre alt war ich damals. Ich hatte einen Autoreifen auf meine Knie gelegt, und mein Bruder versuchte, ihn mit einem großen Fleischermesser durchzuschneiden. Da glitt das Messer plötzlich in einem Rutsch durch den Reifen und in mein Knie hinein. Ich weiß noch genau, wie das Blut aus der Wunde floß und wie ich schrie.

Wir lebten damals auf einem weit abgelegenen Bauernhof in Pennsylvania/USA. Der nächste Arzt wohnte meilenweit entfernt, und man rief ihn nur im Ernstfall. Deshalb verband mich meine

Mutter. Eine ganze Woche lang mußte ich dann still auf einem Stuhl sitzen bleiben, das verletzte Bein auf einen zweiten Stuhl gelegt, bis die Wunde verheilt war. Jeden Abend trugen mich meine Eltern ins Bett und am Morgen wieder zurück auf meinen Stuhl. Die Narbe an meinem Knie sieht aus, als hätte der beste Chirurg mich versorgt, und ich habe keine Schmerzen mehr. Ich kann daran stoßen, ich kann über das sprechen, was geschehen ist, und ich kann auch einfach alles vergessen, denn es ist wirklich geheilt.

Wenn die Wunde nicht verheilt wäre, würde ich das Knie weiterhin verbunden halten. Ich wäre auf der Hut, daß mir niemand zu nahe käme und das Knie ansähe oder auch nur darüber spräche. Und aus Angst vor neuen Schmerzen würde ich mich wehren, wenn jemand versuchte, den Verband zu entfernen.

Es könnte aber auch sein, daß ich herumliefe und jedem meine Wunde zeigte: „Da könnt ihr mal sehen, was mein Bruder mir angetan hat. So einen Bruder habe ich! Ihr könnt euch nicht vorstellen, wie ich seinetwegen gelitten habe.“ Ich würde mich nach dem einen oder dem anderen Extrem verhalten.

Doch so, wie die Dinge liegen, habe ich das nicht nötig, denn mein Knie ist geheilt. Die Narbe ist zwar noch zu sehen, und ich kann mich auch noch genau an alles erinnern, was damals passiert ist. Aber ich fühle keinen Schmerz mehr.

Entsprechendes geschieht, wenn Jesus unsere seelischen Verletzungen geheilt hat. Wir brauchen dann weder krampfhaft zu verbergen, was in der Vergangenheit geschehen ist, noch brauchen wir ständig darüber zu sprechen. Die inneren Wunden sind geheilt, und der Schmerz, den sie verursacht haben, ist verschwunden.

Wir erleiden seelische Verletzungen unter anderem dann, wenn unsere Grundbedürfnisse nicht befriedigt werden. Im nächsten Kapitel wollen wir über einige dieser grundlegenden Bedürfnisse sprechen, die wir alle haben.

Kapitel 3: Grundbedürfnisse

Jeder Mensch hat bestimmte Grundbedürfnisse, die befriedigt werden müssen, damit er sich entwickeln und ohne größere Schwierigkeiten leben kann. Die sogenannten primären grundlegenden Bedürfnisse sind Essen und Trinken, Luft, Obdach usw. Ohne diese Dinge würde man sterben.

Aber auch die sekundären Grundbedürfnisse sind sehr wichtig. Wenn sie bei einem Kind nicht angemessen befriedigt werden, und zwar so, daß das Kind es fühlen und wahrnehmen kann, wird es später im Erwachsenenalter Schwierigkeiten bekommen. Die folgenden Beispiele zeigen einige dieser Grundbedürfnisse.

Liebe

Man möchte es fast nicht glauben, aber Babys können tatsächlich an Mangel von Liebe und Aufmerksamkeit sterben. Ein Neugeborenes kann von sich aus niemanden lieben. Es kann nicht denken: „Ich liebe meine Mutter so sehr, daß ich nicht um zwei Uhr nachts schreien will, wenn ich hungrig bin. Ich warte, bis sie von selbst aufwacht, und dann erst werde ich schreien."

Kein Neugeborenes kann solche Liebe und solches Verständnis aufbringen. Es schreit, wenn es Hunger hat, ganz gleich, wie unpassend die Zeit ist. Es ist wie ein leeres Gefäß, in das die Eltern erst unendlich viel Liebe hineingeben müssen, bis es ganz angefüllt ist und anfängt überzufließen. Diese Liebe muß so ausgedrückt werden, daß sie das Baby und später das Kind gefühlsmäßig aufnehmen kann. Erst, wenn dieses Gefäß gefüllt ist und überfließt, kann das Kind von sich aus anderen Liebe entgegenbringen. Immer von neuem muß das Gefäß gefüllt werden, damit es beständig überfließt.

Wenn das Gefäß jedoch nie ganz gefüllt wurde, erlangt das Kind nicht die Fähigkeit, Liebe zu schenken. Und, was noch schlimmer ist, jener Behälter wird dann wie ein Faß ohne Boden, den keine noch so große Liebe je ausfüllen kann. Solch ein Kind fühlt sich dann nie wirklich geliebt. Es hat nie das Empfinden, mit Liebe angefüllt und gesättigt zu sein. Selbst wenn es später als Erwachsener verheiratet ist und sein Ehepartner ihm unendliche Liebe entgegenbringt, wird er sich nicht geliebt und befriedigt fühlen.

Wenn ein Kind zwar wirklich geliebt wird, dann aber durch irgendeinen Umstand der Strom der Liebe versiegt, sagen wir, wenn das Kind fünf Jahre alt ist, dann könnte man davon sprechen, daß jenes Gefäß zwar einen Boden, jetzt aber ein Leck bekommen hat. Das Kind kann sich dann auf emotionaler Ebene in einem bestimmten Bereich nicht über den Stand eines Fünfjährigen hinaus entwickeln. Als Erwachsener wird es dann das Gefühl haben, daß irgendwo in ihm noch jenes kleine, fünf Jahre alte Kind ist, das sich danach sehnt, geliebt zu werden.

Wie aber kann ein kleines Kind spüren, ob es geliebt wird? Ein Baby versteht ja nicht, was gemeint ist, wenn jemand ihm sagt: „Ich habe dich lieb."

In einer Strafanstalt beobachtete eine Gruppe von Psychologen einige Frauen, die kurz vor ihrer Niederkunft standen. Man wollte herausfinden, ob sich voraussagen ließ, welche Mütter ihre Kinder später behalten und welche sie zur Adoption freigeben würden. Die Mütter selbst hatten sich noch zu nichts entschlossen. Doch recht bald konnten die Psychologen vorhersagen, wie die Entscheidung jeweils ausfallen würde. Woran konnten sie das feststellen?

Wenn die Mütter, die sich später entschlossen, ihr Kind zu behalten, das Neugeborene zum ersten Mal in den Armen hielten, begann bei ihnen der sogenannte Bindungsprozeß. Sie berührten den Kopf des Babys vorsichtig mit den Fingerspitzen und streichelten es dann mit der ganzen Hand. Danach betrachteten sie die Arme, den Leib und die Beine ihres Kindes. Sie zählten die Zehen und die Finger, wickelten dann ihr Baby wieder in die Decke und gaben ihm die Flasche. Die Frauen, die ihre Kinder später nicht behielten, nahmen ihr Neugeborenes in den Arm, und dann steckten sie ihm sofort die Flasche in den Mund.

Wenn schon jene Psychologen erkennen konnten, welche Mütter

ihre Babys behalten würden, wieviel mehr muß dann das Neugeborene selbst an der Art und Weise, wie es behandelt wird, empfinden, ob die Mutter es wirklich liebt und es haben will!

Der Psychologe Erik Erikson sagt, daß ein Baby, wenn es im Arm seiner Mutter liegt, in ihr Gesicht schaut wie in einen Spiegel. Wenn dieser „Spiegel", das Gesicht seiner Mutter, „auf es anspricht", lächelt, wenn es lächelt, besorgt aussieht, wenn es schreit, Stolz und Freude über das Kind widerstrahlt, dann beginnt das Baby zu fühlen: „Was für ein wundervolles Wesen bin ich doch! Wie sich meine Mutter doch über mich freut! Sie liebt mich. Ich bin wirklich ein wunderbares Wesen."

Wenn aber aus irgendeinem Grund dieser „Spiegel" des Gesichtes seiner Mutter nicht auf das Baby reagiert oder ärgerlich oder traurig erscheint, dann fühlt es: „Was bin ich doch für ein schreckliches Wesen! Ich mache meine Mutter ärgerlich oder traurig. Bestimmt wünscht sie, ich wäre nie geboren."

Zu dieser Zweierbeziehung zwischen Mutter und Baby kommt dann noch die Stimme des Vaters hinzu, der das Baby bei seinem Namen nennt. Wenn die Stimme des Vaters liebevoll und freundlich klingt, empfindet das Kind, daß es diese Gefühle in seinem Vater hervorgerufen hat, weil es so ein wunderbares Wesen ist, und daß es ganz tief geliebt wird. Wenn die Stimme des Vaters jedoch ärgerlich und barsch ist, wenn er streng ist oder schimpft, auch wenn das einem anderem Kind oder vielleicht der Mutter gilt, dann meint das Baby, es habe diesen Ärger seines Vaters verursacht. Es hat das Gefühl, ein unerwünschtes, schreckliches Wesen zu sein, über das sich andere nur ärgern können. In dem Maße, wie sich diese Eindrücke verfestigen, wird sich das Kind und später der Erwachsene abgelehnt und wertlos fühlen, und nichts scheint diese Gefühle mehr berühren und ändern zu können. Derjenige ist dann davon überzeugt, nichts wert zu sein.

Christian

Wir erlebten einmal mit, wie tragisch es enden kann, wenn ein Kind sich nicht geliebt fühlt. Ein junger Mann, den wir gut kannten, hatte schon vor der Ehe sexuelle Gemeinschaft mit seiner Freundin gehabt. Als die Freundin dann schwanger wurde, drängten die Eltern auf eine schnelle Heirat, damit niemand gewahr wurde, was geschehen war und das Kind vor allem in eine Ehe hineingeboren werde. Nach ihrer Hochzeit merkten die beiden jungen Leute jedoch bald, daß sie nur wenig Gemeinsames hatten. Es waren mehr ihre gemeinsamen Freunde gewesen als gleiche Interessen, die sie zusammengebracht hatten.

Als sie Eltern geworden waren, wurde es ihnen schnell lästig, daß einer von ihnen immer zu Hause bei Christian bleiben mußte. Da beschlossen sie, ihn einmal in der Woche einfach allein in seinem Bettchen zu lassen und dann abends auszugehen. Knapp drei Jahre später endete die Ehe mit einer Scheidung. Christian wurde zu einer Großtante geschickt, die ihn wirklich liebte und für ihn sorgte. Nur war sie leider schon fast siebzig Jahre alt und konnte ihn nicht länger als ein Jahr versorgen.

Einer von Christians Onkeln hatte inzwischen geheiratet, und er erbot sich mit seiner Frau, dem kleinen Jungen ein neues Zuhause zu geben. Während die Erwachsenen noch über diese Möglichkeit nachdachten, spürte Christian schon, daß etwas im Gange war, und wandte sich an seine Großtante. „Tante“, bettelte er, „ich kann doch bei dir bleiben, ja? Du wirst mich doch nicht auch wegschicken?“ Aber der Tag kam, an dem er mit seinem Onkel mitgehen mußte.

Christians Onkel und seine Frau liebten den kleinen Jungen. Sie versicherten ihm, daß er nun ganz zu ihrer Familie gehöre. Für immer dürfe er bei ihnen bleiben, weil sie sein neuer Vati und seine neue Mutti seien. Wenn Christian fragte, warum seine eigene Mutter ihn nicht lieb hatte und ihn nicht haben wollte, erklärten sie ihm behutsam, daß seine richtige Mutter ihn auch lieb hatte. Aber ihre Liebe sei mehr wie die Liebe einer Tante. Schließlich akzeptierte Christian seine neue Familie mit dem kleinen Bruder, der sich bald noch einstellte.

Da nahm ihn eines Tages seine leibliche Mutter für einen Monat mit zu sich nach Hause in die Ferien. In dieser Zeit versicherte sie Christian, daß sie ihn wirklich lieb habe. Er sei ihr Sohn, und sie liebe ihn wie alle guten Mütter. Es sei in Wirklichkeit seine neue

Mutter, die ihn nur wie eine Tante liebe. Als diese Ferien vorbei waren, brachte sie ihn zu der Familie seines Onkels zurück.

Nun war Christian ganz durcheinander. Wenn seine Mutter ihn wie eine Mutter liebte und seine Tante wie eine Tante, warum ließ ihn dann seine Mutter bei der Tante leben, die sagte, sie liebe ihn wie eine Mutter und seine Mutter liebe ihn wie eine Tante? Das einzige, was Christian jetzt noch tun konnte, war, auf seinem Bett zu sitzen und eine Schallplatte anzuhören, die seine Mutter ihm zum Abschied geschenkt hatte. Er konnte nicht mehr spielen und auch nicht mehr zum Kindergarten gehen.

Schließlich brachte ihn seine neue Mutter zu einem Psychologen. Er mußte, als er sechs Jahre alt war, wegen seiner seelischen Schwierigkeiten vom Schulbesuch zurückgestellt werden und den Schulkindergarten besuchen. Christian sah inzwischen aus wie ein wandelndes kleines Skelett mit hängenden Schultern und bedrücktem Gesicht. Sein Asthma, unter dem er schon früh gelitten hatte, verschlimmerte sich. Seine neue Mutter und sein neuer Vater überschütteten ihn mit Zuwendung und Liebe, aber er war unfähig geworden, Liebe aufzunehmen. Der Psychologe sagte ihnen, daß dies nicht allein auf die Scheidung seiner Eltern zurückzuführen war. Es hatte seine Wurzeln in Christians früher Kindheit, als er für Stunden und Stunden in seinem Bettchen alleingelassen worden war.

Eines Tages entschloß sich Christians leibliche Mutter, ihn ganz zu sich nach Hause zu holen und selbst für ihn zu sorgen. Sie versuchte, eine gute Mutter für ihn zu sein und tat für ihn, was sie nur konnte. Als aber die Ferien kamen, wollte sie Christian nicht auf ihre Urlaubsreise mitnehmen. Statt dessen brachte sie ihn bei seinem leiblichen Vater und dessen neuer Frau unter und reiste mit ihrem Freund ins Ausland.

Mit den Jahren war Christians Asthma immer schlimmer geworden. Seine Mutter hatte deshalb beschlossen, ihn zu einer vierwöchigen Kur für Asthmakinder ans Meer zu schicken, wenn sie aus dem Urlaub zurückkam. Da er mit seinen neun Jahren ja nun ein großer Junge war, sollte er allein mit dem Zug dorthin reisen. Christian allerdings verabscheute es, in einem anderen als in seinem eigenen Bett zu schlafen. Er verabscheute die ganze Idee.

Einige Tage vor der Rückkehr seiner Mutter bekam Christian einen so schweren Asthmaanfall, daß er ins Krankenhaus mußte. Seine Mutter kam an einem Mittwoch aus dem Urlaub zurück und holte Christian sofort aus dem Krankenhaus, damit er am Freitag für die Abreise zu seiner Kur bereitsein konnte. Als sie zu Hause ankamen, hatte er wieder einen Asthmaanfall. Sie raste mit ihm zurück ins Krankenhaus, aber er starb auf dem Weg dorthin. An seinem zehnten Geburtstag wurde Christian beerdigt.

Ich sprach mit einem befreundeten Psychiater über meine Vermutung, daß die eigentliche Ursache für den Tod dieses Kindes sein unerfülltes Bedürfnis nach Liebe gewesen war. Er bestätigte, daß dies mit großer Wahrscheinlichkeit als der tiefste Grund gesehen werden müsse. Obwohl Christian später so viel Liebe empfing, war sein „Gefäß“ in seiner frühen Kindheit zum Faß ohne Boden geworden. Er konnte einfach keine Liebe mehr fühlen.

Christians Leben ist ein ungewöhnlich tragisches Beispiel. Nur wenige Menschen haben so sehr gelitten wie er. Aber es gibt viele, die mit einem inneren „Faß ohne Boden“ herumlaufen. Sie können Liebe und Anerkennung nicht aufnehmen, weil sie in ihrer frühen Kindheit nicht so geliebt wurden, wie sie es brauchten und wie sie es aufnehmen konnten.

Als wir noch in Monteria in Nordkolumbien wohnten, ging ich eines Tages zu einer Wäscherei, um dort Kleidung abzuholen. Die Wäscherei war in einem abgetrennten Raum im Haus des Eigentümers untergebracht. Drinnen in der Wohnung konnte ich ein Kind vor Angst und Entsetzen schreien hören. Ich nahm an, daß sich jetzt erst jemand um das Kind kümmerte. Deshalb wartete ich längere Zeit. Zwanzig Minuten stand ich da, und die ganze Zeit über schrie und weinte das Kind ohne Pause. Ich fragte mich, ob die Eltern vielleicht so betrunken waren, daß sie ihr Kind gar nicht hörten. Aber vielleicht hatten sie es auch tatsächlich ganz allein drinnen eingeschlossen.

Wie viele Kinder werden unter solchen Bedingungen alleingelassen! Sie schreien und schreien, und niemand kümmert sich um sie. Und wenn es schließlich jemand tut, dann oft voller Mißmut.

Eine meiner Freundinnen war im Krankenhaus zur Geburt ihres fünften Kindes. Im selben Raum lag eine Frau, deren Mann nichts von Empfängnisverhütung hielt. Sie hatte gerade ihr dreizehntes Kind geboren. Als man ihr die neue Tochter in die Arme legte, weinte sie. Auch wenn diese Mutter sich darum bemühte, sie würde ihrem Kind nicht die Liebe und Anerkennung geben können, die es brauchte. Der riesige Berg von Arbeit und die schwer lastende Verantwortung würden ihr gar nicht die Zeit und die Kräfte dazu lassen, diesem weiteren kleinen Baby die besondere Zuwendung zu geben, die es brauchte.

Es kann noch andere Gründe dafür geben, daß ein Kind nicht genug Liebe empfängt. So kann es sein, daß seine Mutter stirbt oder die Eltern sich scheiden lassen und die neue Mutter sich nicht genug um das Kind kümmert. Manchmal muß ein Kind für längere Zeit ins Krankenhaus und ist auf diese Weise von seinen Eltern getrennt. Oder die Eltern sind durch familiäre Probleme und Auseinandersetzungen so belastet, daß sie nicht mehr die Kraft haben, sich ihren Kindern liebevoll zuzuwenden. Vielleicht auch haben die Eltern selbst nicht genug Liebe empfangen und sind deshalb unfähig, Liebe so weiterzugeben, daß das Kind sie aufnehmen und spüren kann. Möglicherweise ist der Vater alkoholkrank und mißhandelt seine Familie. Oder die Mutter schämt sich seinetwegen so sehr, daß auch sie ihre Aufgabe nicht mehr ausfüllen kann. Es kann auch sein, daß jemand im Krieg oder in einer Zeit politischer Anarchie geboren wird und daß die Erwachsenen in seiner Umgebung so von Angst beherrscht sind, daß sie ihre Liebe nicht mehr zeigen und ausdrücken können, und so wird jenes innere Gefäß dieses Kindes nie richtig gefüllt.

Vergebung

Ein weiteres Bedürfnis hat jedes Kind: Es muß Vergebung empfangen. Auch in dieser Beziehung gleicht das Neugeborene einem leeren Gefäß, in das Vergebung hineingegeben werden muß, bevor es selbst jemand anderem vergeben kann. Ein Baby kann nicht denken: „Ich vergebe meiner Mutter, daß sie so spät gekommen ist, um mich zu füttern. Ich weiß ja, daß sie sehr viel zu tun hat und müde ist." Kein Baby kann das. Die Eltern müssen zuerst ihren Kindern wieder und wieder vergeben, bis jenes leere Gefäß im Kind so mit Vergebung angefüllt ist, daß es überfließt. Denn sonst wird das Kind nicht fähig, anderen zu vergeben. Niemand kann anderen mehr vergeben, als ihm selbst vergeben worden ist.

Wahrhaft zu vergeben, ist ein schwieriger Prozeß. Manche Leute sagen: „Ich kann das vergeben, aber vergessen kann ich es nicht." Das ist keine echte Vergebung. Wirklich zu vergeben bedeutet, daß man dem anderen wieder so begegnen kann, als wäre nichts geschehen.

Als unsere Kinder klein waren, sagten wir ihnen oft, daß wir sie immer lieben und ihnen stets alles vergeben würden, ganz gleich, was sie anstellten. Selbst wenn sie eines Tages so etwas Schlimmes tun würden, daß sie im Gefängnis landeten, würden wir sie immer noch lieben und ihnen vergeben. Wir würden dann zwar sehr traurig sein und fasten und beten, bis sie zur Besinnung kämen und neue Wege einschlügen, aber wir würden nie aufhören, sie zu lieben und ihnen zu vergeben. Allerdings – wie die folgende Geschichte zeigt – war es leichter, von solcher Liebe und Vergebung zu sprechen, als sie in der Praxis auszuüben.

Wir ließen unseren Kindern bei ihrem Spiel viel Freiheit. Aber es gab auch Grenzen. So hatten wir ihnen erklärt, daß sie nicht in ihren Betten herumhoppsen durften, damit ihre Matratzen – einfache Baumwollbezüge, die mit Rohbaumwolle ausgestopft waren –, nicht kaputtgingen. Eines Abends, als ich David zu Bett bringen wollte – er war da etwa vier Jahre alt –, mußte ich feststellen, daß seine Matratze beinahe unbrauchbar geworden war. Die Rohbaumwolle hatte sich an einigen Stellen zusammengeklumpt, und dazwischen waren tiefe, leere Löcher. Nur der Bezug war noch in Ordnung.

„David", rief ich, „bist du auf deinem Bett herumgesprungen?"

„Nein, nein, Mama", antwortete er. „Das habe ich nicht getan."

„Nein, Mama", fügte die dreijährige Ruthie hinzu. „Wir sind nicht auf dem Bett herumgesprungen. Wir haben unter der Matratze Camping gespielt, und die Matratze war das allerschönste Zelt."

„Aber Kinder!", rief ich aus, während ich versuchte, die Baumwollklumpen wieder auseinanderzuzupfen. „Wie konntet ihr das bloß tun!" Was ich auch versuchte, die Füllung ließ sich nicht wieder gleichmäßig verteilen. Ich mußte David auf der buckligen Matratze schlafen lassen. „Seht mal, was ihr angerichtet habt!" fuhr ich fort. „Die Matratze ist kaputt, und wir haben kein Geld, um eine neue zu kaufen!"

„Mama, es tut mir leid", sagte David. „Ich will das nie wieder tun."

„Gut, David", antwortete ich und schluckte weitere Vorwürfe hinunter. „Ich vergebe dir."

Aber als ich David am nächsten Abend zu Bett brachte, sah die Matratze noch immer wie eine Hügellandschaft mit tiefen leeren Löchern aus, denn es war mir noch immer nicht gelungen, sie wieder in Ordnung zu bringen. Wieder zeigte ich den Kindern die Matratze, die sie am Tag vorher zerstört hatten. „Wie konntet ihr bloß auf solch eine Idee kommen? Guckt euch das an! Die Matratze ist kaputt, und wir können keine neue kaufen."

„Mama, es tut mir so leid", rief David aus. „Ich verspreche dir, daß ich es nie wieder tun will. Bitte, vergib mir."

„Ist gut, David", versicherte ich ihm von neuem, „ich vergebe dir."

Aber am nächsten Tag war die Matratze immer noch voller Klumpen und Löcher, und wieder schimpfte ich mit David. „Schau dir deine Matratze an, David. Sie ist total ruiniert!"

„Mama", antwortete David, während Tränen in seine Augen stiegen, „kannst du mir das denn nie vergeben?"

Erschrocken hielt ich inne. Was brachte ich da gerade meinem kleinen Sohn bei? Ich hatte ihm gesagt, daß ich ihm alles vergeben würde, ganz gleich, was er täte. Aber nun zeigte ich ihm, daß das diese Matratze, die Geld kostete, wenn man sie ersetzen wollte, nicht einschloß.

Was war das für eine Vergebung! Jedenfalls nicht die, mit der Gott mir vergeben hatte.

Ich nahm meinen kleinen Sohn in den Arm und bat ihn nun meinerseits um Vergebung dafür, daß ich ihm nicht wirklich vergeben hatte. Und dann drehte ich die Matratze um, sodaß die verklumpte Seite ans Fußende kam, wo ich sie nicht jeden Abend sehen mußte.

David war noch so klein, daß er nur mit den Füßen auf dieses Ende langte.

Bei dieser Begebenheit hatte ich es versäumt, Davids „Gefäß" mit Vergebung anzufüllen, obwohl ich die richtigen Worte gesagt hatte. Mehr noch, ich hatte sogar das wieder ausgeleert, was ich zuvor an Vergebung hineingegeben hatte, indem ich ihm zeigte, daß es ein paar Dinge gab – wie zum Beispiel eine ruinierte Matratze –, die so schlimm waren, daß sie niemals wirklich vergeben werden konnten.

Wir wissen als Christen, daß wir denen vergeben müssen, die uns Unrecht getan haben? Wenn uns das aber nicht gelingt, dann versuchen wir vielleicht, unsere Gefühle so lange zurechtzubiegen, bis wir etwas empfinden, das in etwa einer Vergebung ähnelt. Dann sagen wir, daß wir demjenigen vergeben, der uns Unrecht getan hat, und verdrängen unseren Schmerz. Aber zwei Tage später fühlen wir uns noch genauso verletzt und voller Groll wie zuvor.

Wir können nicht mehr Vergebung schenken, als wir selbst empfangen haben. Viele Menschen haben so tiefe seelische Erschütterungen erlebt, daß sie denen, die sie verletzt haben, einfach nicht vergeben können. Wenn sie dann Christen werden und erfahren, daß sie vergeben müssen, versuchen sie verzweifelt, Gefühle der Vergebung zu produzieren, und fühlen sich zutiefst schuldig, wenn sie das nicht schaffen. Denn viele Menschen haben einfach nicht die Fähigkeit erlangt zu vergeben. Sie haben sie nicht und können sie auch nicht irgendwie selbst produzieren. Wenn Eltern in jenes „leere Gefäß", das ihr Kind ist, nicht so viel Vergebung hineinfüllen, daß es überfließt, wird es innerlich zum „Faß ohne Boden" und kann später nicht wahrhaft vergeben. Ana Cecilia war so eine Frau, die als Kind nicht die Vergebung empfangen hatte, die sie gebraucht hätte. Hier ist ihre Geschichte.

Ana Cecilia

Ana Cecilia wurde in sehr ungünstige Familienverhältnisse hineingeboren. Ihr Vater war ein Spieler. Oft verlor er beim Spiel hohe Summen. Ana Cecilia folgte seinem Beispiel. Als sie fünf Jahre alt war, verspielte sie fünf Pesos, die ihre Mutter ihr für eine Besorgung gegeben hatte. Als ihr Vater das erfuhr, band er dem Kind die Handgelenke zusammen und hängte es so über einen großen Nagel, der in einem Dachbalken steckte. Dann schlug er das Mädchen mit seinem Gürtel, bis er nicht mehr konnte. Danach schlug ihre Mutter sie weiter, bis sie ebenfalls erschöpft war. Als das kleine Mädchen zwischendurch ohnmächtig wurde, steckten sie es in ein Faß mit kaltem Wasser, damit sie wieder zu sich kam, nur, um sie dann wieder aufzuhängen und weiter zu schlagen. Für die ganze folgende Woche wurde Ana Cecilia nackt ins Schlafzimmer eingesperrt, damit sie begriff, was für ein schlechtes Mädchen sie sei.

Aber es wurde noch schlimmer im Leben des Kindes. Als sie sieben Jahre alt war, wurde sie wiederholt von ihrem Bruder vergewaltigt. Später bekam sie drei Kinder von ihrem Onkel und noch zwei weitere von zwei anderen Männern. Außerdem plagte sie eine unersättliche Sucht nach Glücksspielen.

Eines Tages hörte Ana Cecilia das Evangelium und übergab ihr Leben Jesus. Aber sie fand keinen wirklichen Frieden. Als wir gemeinsam im Gebet durch ihr Leben gingen, konnte sie vielen, die sie verletzt hatten, vergeben. Aber sie hatte große Schwierigkeiten, ihren Kollegen, mit denen sie zusammenarbeitete, zu vergeben. Für den geringsten Fehler erteilte sie einen strengen Verweis. Ana Cecilia sagte mir, als wir darüber sprachen: „Ich denke immer, wenn man mich wegen fünf Pesos aufgehängt hat, warum soll ich anderen dann nicht richtig klarmachen dürfen, was sie getan haben?“

Wir nahmen uns besonders Zeit zum Gebet wegen jener grauenvollen Mißhandlung. Ich bestand darauf, daß sie laut ganz genau das aussprach, was sie ihrem Vater gegenüber fühlte.

„Er ist ungerecht!“ sagte sie. „Was er tat, war nicht recht.“

„Dann sage zu dem Erinnerungsbild von ihm: Vater, du warst ungerecht!“

Ana Cecilia blieb eine Weile still. Schließlich sagte sie: „Es stimmt nicht, daß mein Vater ungerecht war.“

„Was ist er dann?“ fragte ich.

„Er ist ... Er ist ... Er ist ein Teufel!“ schrie sie schließlich. „Er ist ein Teufel!“

„Dann sag: Vater, du bist ein Teufel! Nie im Leben kann ich dir vergeben, was du mir angetan hast!“

Ana Cecilia brach in Tränen aus. „Ja, das stimmt, das ist die Wahrheit. Ich kann dir niemals vergeben, Vater. Du bist ein Teufel.“

Sacht legte ich meine Hand auf Ana Cecilias Schulter, um sie zu trösten. „Sage Jesus die Wahrheit. Sag: Jesus, ich hasse meinen Vater. Ich wünschte, er würde sterben. Ich will ihn nie wieder sehen!“

„Ja, Jesus, das stimmt“, schluchzte sie. „Ich hasse ihn. Ich hasse ihn! Ich will, daß er stirbt! Ich will ihn nie wieder sehen!“

„Dann sage Jesus“, fügte ich vorsichtig hinzu, „Jesus, ich kann diesen Haß nicht länger tragen. Er bringt mich innerlich um. Gerade jetzt, Jesus, gebe ich dir den Haß, den ich fühle, und das Unrecht und die Demütigung, die ich erlitt. Ich lege das alles auf dich. Trag es für mich. Ich kann es keinen Augenblick mehr tragen.“

Aus tiefstem Herzen betete Ana Cecilia diese Worte nach. „Jesus, ich kann meinem Vater nicht vergeben. Aber nun lege ich diesen Schmerz auf dich. Ich öffne diesen Bereich in mir, der so mit Schmerz und Pein angefüllt war, für dich. Bitte fülle du mich mit deiner Liebe und deiner Vergebung. Fülle mich an, bis ich überfließe.“

„Nun, Ana Cecilia“, sagte ich ihr, „sprich mit deinem Vater, so wie du ihn in Erinnerung hast. Sag ihm: ‚Vater, ich selbst kann dir nicht vergeben, was du mir angetan hast. Aber ich habe mich für Jesus geöffnet. Er hat seine Liebe und seine Vergebung in mich hineinfließen lassen. Ich nehme die Vergebung, die Jesus mir gegeben hat, und gebe sie an dich weiter. Vater, mit der Vergebung Jesu vergebe ich dir, was du mir angetan hast. Vergib bitte auch mir, wenn ich dir gegenüber nicht richtig gehandelt habe‘.“

Ana Cecilia machte das und vergab dann anschließend auch ihrer Mutter. Nur so konnte sie von dem Trieb befreit werden, sich an anderen für ihre Vergangenheit zu rächen. Ihr Schmerz war so tief gewesen, und sie hatte selbst nur so wenig Vergebung empfangen, daß sie einfach nicht die Vergebung in sich hatte, die sie gebraucht hätte, um ihren Eltern zu vergeben.

Erst als sie diese Wahrheit anerkannte und sich dafür öffnete, von Jesus Vergebung zu empfangen, wurde sie fähig, ihren Eltern mit der Vergebung zu vergeben, die Jesus ihr gegeben hatte.

Vielleicht spürt jemand, wenn er dies liest, daß auch er nicht vergeben kann. Dann möchte ich ihn ermutigen: Wenn jemand dir so schlimmes Unrecht angetan hat, daß du ihm nicht vergeben kannst, dann weiche dieser Erkenntnis nicht aus. Gestehe dir diese Wahrheit ein: „Ich kann ihm oder ihr nicht vergeben." Jesus sagt in Johannes 8,32: „Die Wahrheit wird euch freimachen."

Geborgenheit

Ein drittes Grundbedürfnis für jedes Kind ist Geborgenheit. Jedes Kind braucht einen Platz, an dem es sich sicher fühlt. Es muß fühlen können, daß seine Eltern eine schützende Mauer bilden zwischen ihm und all den unbekannten Gefahren um es herum. Oft fehlt dieser Schutzwall. Und manchmal pflanzen sogar die Eltern selbst, die ihr Kind eigentlich schützen sollten, Ängste in es hinein, indem sie versuchen, es gefügig zu machen mit Bemerkungen wie: „Paß auf, sonst holt dich die Polizei!" oder „Wenn du nicht brav bist, kommt heute abend der schwarze Mann!"

Manche Eltern erlauben ihren Kindern nicht, ihnen von ihren Schwierigkeiten mit Spielkameraden oder Problemen in der Schule zu erzählen, weil sie wollen, daß in ihrer Familie nur über schöne Erlebnisse gesprochen wird.

Statt ihren Kindern in ihrem Zuhause einen Rückzugsort von diesen Problemen zu geben, vermitteln sie ihnen das Gefühl, sie seien selbst schuldig und verantwortlich für alle Schwierigkeiten, die ihnen außerhalb des Hauses begegnen. Ich bin dankbar, daß ich das in meiner Kindheit anders erlebte.

Meine Mutter stammt aus einer Familie mit elf Kindern, und mein Vater hatte sechs Geschwister. Deshalb hatten wir sehr viele Vettern und Kusinen. Eines Abend, ich war damals vielleicht acht Jahre alt, spielten wir zu vielen vor dem Haus meines Großvaters. Nach einiger Zeit hatte ich aus irgendeinem Grund das Gefühl, daß die Kinder, mit denen ich gerade zusammen spielte, mich ausschlossen. Ich versuchte, mich zwei oder drei anderen Gruppen anzuschließen, aber auch da fühlte ich mich nicht zugehörig. Nachdem ich so einige Zeit von einer Gruppe zur anderen gegangen und nirgends aufgenommen worden war, sagte ich mir: „Na, dann gehe ich eben rein zu meiner Mama."

Ich fand meine Mutter, wie sie mit meiner jüngsten Schwester auf ihrem Schoß im Wohnzimmer mitten zwischen lauter Onkeln und Tanten saß. Ich quetschte mich neben meine Mutter und lehnte mich an ihre rechte Schulter. Nach einer Weile flüsterte sie mir ins Ohr: „Ist was passiert?"

„Ach, nichts", sagte ich nur.

Meine Mutter sagte nichts mehr, aber ich spürte, wie ihre Hand über meinen schmalen Rücken glitt und wie sie mich ganz fest in ihren Arm nahm und mich drückte. Wie fühlte ich mich angenommen und geschützt! Ich blieb eine Weile still in ihren Arm gekuschelt sitzen, bis ich mich wieder ganz zufrieden fühlte und bereit war, wieder nach draußen zu rennen und zu spielen.

Meine Mutter sprach später noch mit mir über diesen Vorfall, aber ich erinnere mich nicht mehr an das, was sie sagte. Was in mein Gedächtnis eingeprägt blieb, war das wunderbare Gefühl, wie sie ihren Arm um mich legte und mich drückte und ich mich vollkommen sicher und angenommen fühlte.

Manchmal wachsen Kinder aber auch in so schwierigen Umständen auf, daß sie sich nicht sicher fühlen können, auch wenn ihre Eltern alles tun, um sie zu schützen. Bei Hans, der in Europa aufwuchs, und Esther, die aus Südamerika kam, war das so.

Hans

Niemals werde ich Hans vergessen. Er war dabei, sich auf den Gemeindedienst vorzubereiten, als er zu mir kam, um mit mir zu sprechen. Er hatte das Gefühl, mit anderen zu barsch und streng umzugehen, obwohl er das gar nicht wollte. Aber es passierte ihm einfach immer wieder.

Hans wurde zu Beginn des zweiten Weltkrieges in Norwegen

geboren. Sein Vater hatte sich in der Politik eingesetzt und arbeitete gegen die Nazis. Schließlich mußte er fliehen. Lange Zeit wußte niemand, ob er tot oder lebendig war.

Eines Tages sagte Hans' Mutter zu ihren vier Kindern, daß sie zusammen einen Ausflug machen wollten. Gemeinsam fuhren sie los, aber dann fand sich Hans plötzlich allein mit seinen drei jüngeren Schwestern in einem Flugzeug wieder. Sie wußten alle vier nicht, wohin sie flogen, und weinten und weinten. Als Hans merkte, daß seine Schwestern beinahe verrückt wurden vor Angst, schluckte er seine eigenen Tränen hinunter, um sie zu beruhigen.

Als das Flugzeug landete, waren sie in der Schweiz. Sie wurden von Fremden in Empfang genommen und in ein Internat gebracht. Dort mußten sie eine neue Sprache sprechen und sich in eine neue Kultur einfügen. Nach einem Jahr tauchten plötzlich ihre Eltern auf und nahmen sie mit nach Spanien. Dort gingen die Kinder wieder zu einer neuen Schule und mußten wieder eine neue Sprache lernen.

Für eine Weile lebte die ganze Familie zusammen in Spanien. Aber eines Tages mußte der Vater sie erneut verlassen. Die Mutter und die Kinder fuhren mit dem Zug durch Frankreich und Deutschland zurück in ihr Heimatland. Vom Zug aus sah Hans brennende Häuser und in Panik fliehende Menschen. Überall lagen Tote. Es war ungewiß, ob sie je ihr Ziel erreichen würden. Bald nachdem sie zu Hause angekommen waren, mußten sie zum zweiten Mal nach Spanien fliehen. Als der Krieg vorbei war, kam der Vater zu ihnen zurück.

Eines Tages sagte er zu seinem Sohn: „Hans, wir gehen jetzt in die Vereinigten Staaten. Von heute an wirst du wieder deinen richtigen Namen tragen. Du heißt nicht Hans. Das ist nur der Name, den wir dir gaben, um dich zu verbergen: In Wirklichkeit heißt du Filipe."

Als sie in den USA ankamen, kam Filipe in eine weitere neue Schule mit noch einer neuen Sprache und Kultur. Er gab sich alle Mühe, sich wie ein Amerikaner zu verhalten, aber er fiel doch immer wieder als Fremder auf. Und trotz all seiner Anstrengungen gingen seine Schulleistungen zurück. Alles schien auf einmal schiefzugehen, obwohl Filipe sehr intelligent war. Vielleicht litt er gerade wegen seiner hohen Intelligenz ganz besonders unter seinen Schwierigkeiten.

Schließlich kam Filipe auf eine besondere Schule, und dort erholte er sich langsam. Wegen seiner hohen Intelligenz wurde er später an einer Elite-Universität zugelassen. Aber wieder einmal konnte er den Anforderungen nicht genügen und mußte gehen.

In Filipes Leben ging es immer weiter bergab bis zu dem Tag, an dem er Jesus als seinen Retter fand. Er erlangte Vergebung für seine Sünden und begann ein neues Leben. Nun war er dabei, sich auf den Gemeindedienst vorzubereiten.

Er wollte der Gemeinde dienen und ertappte sich doch selbst immer wieder dabei, wie er grob und barsch mit den Gemeindegliedern umging. Wenn sie nicht alles so perfekt machten, wie er es sich vorstellte, dann verspottete er sie. Er konnte selbst nicht verstehen, warum er das machte.

Als Filipe mir seine Geschichte erzählt hatte, sagte ich ihm, daß er den Schmerz seiner Kinderjahre noch einmal in sich lebendig werden lassen und dann alles dem Herrn zu tragen geben müsse. Aber einige Wochen lang war er unfähig, überhaupt etwas zu fühlen. Eines Tages beteten wir, daß Gott selbst die Tür zu seiner Vergangenheit öffnen möge, damit ans Licht kommen konnte, was verdrängt war.

Eine Woche danach kam Filipe mit lächelndem Gesicht wieder zu mir. Er erzählte, daß er beim Gebet mit seinen „inneren Augen" gesehen habe, wie Gott ihm einen Schlüsselbund gab.

„Und dann war da so etwas wie ein Gefängnis mit einer schweren Tür", sagte Filipe. „Ich nahm einen Schlüssel und öffnete die erste Tür. Drinnen saß ein kleiner Junge, der weinte. Ich fühlte, daß ich selbst dieses Kind war, und sprach es in meiner Muttersprache an. ‚Jesus kümmert sich um alle deine Probleme', sagte ich ihm. ‚Du kannst jetzt rauskommen.' Der kleine Junge kam aus dem Gefängnis.

Neben mir war noch eine schwere Tür. Mit einem anderen Schlüssel versuchte ich, sie aufzuschließen. Die Tür öffnete sich. Drinnen sah ich einen etwas größeren Jungen. Ich sprach ihn auf Deutsch an, weil ich mir sicher war, daß ich selbst dieses Kind war, das dort in Dunkel und Einsamkeit saß. Ich sagte ihm, daß alles gut sei. Der Junge kam heraus.

Dann öffnete ich eine weitere Tür und fand ein noch etwas älteres Kind. Es weinte, und es zitterte vor Angst. Ich sagte ihm auf Spanisch: ‚Du kannst jetzt rauskommen. Jesus hat für alles gesorgt.‘ Auch dieser Junge kam heraus.

Als ich die letzte Tür geöffnet hatte, fand ich einen Teenager, und ich sagte ihm auf Englisch, daß er herauskommen könne.“

„Ich fühle mich wie erlöst“, sagte Filipe. „Aber ich habe immer noch Angst. Diese Gefängnisse sind noch da. Wenn ich nun wieder in sie zurückgehe?“

„Laß uns noch einmal beten“, sagte ich, „und Jesus bitten, diese Gefängnisse ans Kreuz zu tragen. Er hat versprochen, dir Schönheit anstelle der ‚Asche‘ dieser Gefängnisse zu geben.“

Ich bat Gott, Filipes „innere Augen“ wieder zu öffnen, damit er „sehen“ konnte, wie Jesus für ihn alles wegtrug.

Nachdem wir gebetet hatten, sagte Filipe: „Ich sah, wie alle diese Gefängnisse sich in Pappkartons verwandelten und wie sie dann davonrollten und im Meer verschwanden. Nun sehe ich da, wo sie standen, eine wunderschöne Landschaft. Kleine, mit roten Ziegeln gedeckte Häuser stehen da. Es sieht aus wie in Spanien. Weißt du was? Meine Angst ist weg!“

Filipe hatte als Kind nicht den Schutz und die Geborgenheit empfangen, die er brauchte, obwohl seine Eltern sich darum gemüht hatten. Aber nun hatte Jesus alles auf sich genommen, was geschehen war, einschließlich der quälenden Szenen, die ihm im Gedächtnis geblieben waren. Er hatte Filipe Schönheit statt der Asche gegeben. Danach begann sich Filipes Verhalten anderen gegenüber zu wandeln.

Esther

Esther war fünf Jahre alt, als in ihrer Heimat Kolumbien „La Violencia“ – wörtlich „Die Gewalt“ – der Bürgerkrieg zwischen zwei politischen Parteien, in seine schlimmste Phase kam. Einmal erlebte sie mit, wie ihr Vater mit erhobenen Armen vor einigen Soldaten kniete, die ihn umstellt und ihre Gewehre auf ihn gerichtet hatten. Er flehte sie an, ihn nicht zu erschießen und die Frauen aus der Familie nicht zu vergewaltigen. Da zu ihrer Verwandtschaft einige einflußreiche Mitglieder der konservativen Partei zählten, durften sie alle schließlich am Leben bleiben.

Immer wieder sah Esther, wie verstümmelte Leichen von Lastwagen aus in eine Schlucht nahe bei ihrem Haus geworfen wurden. Sie konnte sich noch genau an die Geier erinnern, die über der Schlucht kreisten und auf ihr Festmahl warteten.

Besonders tief hatte sich bei ihr ein Tag eingeprägt, an dem sie zusammen mit ihrer Schwester auf ihrem täglichen Weg zum Wasserholen gewesen war. Während sie sich jener Schlucht näherten, sahen sie zwei Männer, die an einer Stange zwischen sich einen an Händen und Füßen zusammengebundenen Leichnam trugen. Als die Männer näherkamen, bemerkten die beiden Mädchen, daß die Leiche keinen Kopf mehr hatte. Weiter hinten kam noch ein Mann, der den Kopf in einem blutgetränkten Sack trug.

Solche und ähnliche Dinge wiederholten sich mehrfach in jenen schrecklichen zwei Jahren. Schließlich mußte die Familie ihre Farm verlassen, weil die Gebäude niedergebrannt worden waren.

Nun, als Erwachsene, hatte Esther eine krankhafte Angst vor dem Leben auf dem Land. Wenn sie nur im Fernsehen eine Schlange sah, wurde sie ohnmächtig. Sie haßte die Menschen, deretwegen sie so sehr gelitten hatte. Ihr Haß und ihre Angst wuchsen und wuchsen, bis Esther eines Tages aufwachte und sich angebunden im Bett einer psychiatrischen Klinik wiederfand. Zwei Monate waren vergangen, bevor ihr überhaupt bewußt geworden war, wo sie sich befand.

„Wenn ich ein Mann gewesen wäre“, sagte Esther mir später, „wäre ich zu den Guerillas gegangen. Ich wollte diese Leute umbringen.“

Eines Tages hörte Esther von jemandem, daß Jesus sie neu machen wolle, und sie nahm ihn als ihren Herrn auf. Ihr Leben wurde vollkommen umgewandelt. Die Angst vor ländlichen Gegenden und vor Schlangen blieb allerdings, und bei der bloßen Erwähnung von Guerillatätigkeiten überfiel sie wieder das alte Entsetzen.

Nach einem meiner Seminare bat Esther mich um ein persönliches Gespräch. Unter Tränen erzählte sie mir die Geschichte ihres Lebens. Sie zitterte vor Angst, als sie sich an das erinnerte, was während des Bürgerkrieges geschehen war.

Als Esther ihre Geschichte beendet hatte, bat ich Gott im Gebet, ihre inneren Augen zu öffnen, damit sie sehen konnte, was Jesus getan hätte, wenn er in jener Zeit, als das alles passierte, sichtbar auf der Erde gewesen und zu ihrer Farm gekommen wäre. Ich ermutigte sie, sich noch einmal an die Szene zu erinnern, wo ihr Vater mit erhobenen Händen auf dem Boden kniete und die Soldaten, die mit angelegten Gewehren im Kreis um ihn herumstanden, anflehte, ihn nicht zu erschießen und die Frauen nicht zu vergewaltigen.

„Esther", sagte ich zu ihr, „stell dir vor, Jesus wäre in diese Situation hineingekommen. Stell dir vor, wie er zu jedem einzelnen Soldaten geht und all ihren Haß aus ihnen austreibt. Sie erkennen ihn und fallen auf ihre Knie, einer nach dem anderen, und sie werfen ihre Gewehre weg. (Die Bibel sagt, daß sich einmal jedes Knie vor Jesus beugen muß.) Sieh, wie Jesus die Gewehre einsammelt und sie wegwirft. Nun geht Jesus zu deinem Vater und hilft ihm auf die Füße. Er umarmt ihn und nimmt seine Furcht fort. Dann kümmert sich Jesus um deine Mutter und um deine Schwester. Nun kommt er zu der kleinen Esther, nimmt sie in seine starken Arme und stillt ihr Zittern und ihre Furcht."

„Und nun, Esther", fuhr ich fort, „erinnere dich an die Sache mit der Leiche ohne Kopf. Geh in deiner Erinnerung wieder mit deiner Schwester in jene Schlucht. Sieh diese zwei Männer, die den enthaupteten Leichnam an der Stange tragen. Aber schau! Dort kommt Jesus! (Erinnerst du dich, was er tat, als der Sohn der Witwe gestorben war? Er erweckte ihn wieder zum Leben.) Stell dir vor, Jesus wäre zu den zwei Männern gegangen, die den Leichnam trugen, und hätte ihnen befohlen, ihn niederzulegen. Dann hätte er dem anderen Mann, der den Kopf trägt, gesagt, daß er ihn herbringen und an seinen rechten Platz am Körper setzen soll. (Denk daran, wie Gott in Hesekiel 37 verspricht, die vertrockneten Knochen wieder mit Leben zu erfüllen.) Stell dir vor, wie Jesus auch in diesem Leichnam das Leben wieder herstellt. Er erweckt diesen Mann wieder zum Leben und nimmt ihm die schreckliche Angst, die ihn packte, als er merkte, daß man ihn ermorden würde.“

Ich legte meine Hände sacht auf Esthers Augen und Ohren und betete: „Danke, Herr, daß du gewollt hättest, diesen Mann wieder zu erwecken. Nun heile diese Augen, die diese schlimmen Dinge gesehen, und die Ohren, die sie gehört haben. Heile ihre Seele, die diese Erinnerungen aufbewahrt hat. Präge die neuen Szenen, in denen du gegenwärtig bist, so tief in Esthers Gedächtnis ein, daß sie jedes Mal, wenn sie sich an die alten Geschehnisse erinnert, auch vor Augen hat, wie du durch deine Gegenwart alles wieder gut gemacht hättest.“

Einige Wochen später schaute sich Esther mit ihrer Tochter einen Fernsehfilm an. Plötzlich schrie die zehnjährige Francia auf: „Mama! Mach die Augen zu! Da kommt eine Schlange! Mach schnell die Augen zu, sonst fällst du wieder in Ohnmacht!“

Das Mädchen wußte genau, was passierte, wenn ihre Mutter eine Schlange sah.

Aber Esther schloß ihre Augen nicht. Sie sah sich den ganzen Film über eine Schlange an, ohne ohnmächtig zu werden. „Das war der Augenblick“, sagte sie mir später, „wo ich merkte, daß ich wirklich geheilt war. Nur Gott konnte mich so vollständig umwandeln.“ Schlangen waren für Esther ein Symbol für die Schrecken ihrer Kindheit gewesen. Nun hatte auch das Symbol seinen Schrecken für sie verloren.

Lob und Anerkennung

Auch gelobt zu werden ist für jedes Kind von grundlegender Bedeutung. Das Neugeborene weiß nichts über sich selbst, nicht einmal, daß es überhaupt da ist. Es weiß nicht, wo es selbst aufhört und wo seine Wiege beginnt. Da liegt es, schön und bewunderungswürdig und mit erstaunlichen Fähigkeiten begabt, aber es ist sich seiner selbst nicht bewußt.

Es war für mich in diesem Zusammenhang oft aufschlußreich, unsere Kinder zu beobachten, als sie einige Monate alt waren. Da kam es vor, daß sie sich die eigenen Zehen in den Mund steckten und fest hineinbissen und dann anfingen zu schreien, als ob ihnen jemand etwas Schreckliches angetan hätte. Sie wußten noch nicht, daß diese niedlichen zappelnden rosa Zehen zu ihrem eigenen Körper gehörten.

Weil sich das Neugeborene seiner selbst nicht bewußt ist, weiß es auch nicht, ob es wertvoll ist oder wertlos. Erst ein Erwachsener hat feste Vorstellungen davon entwickelt, wer er ist, welche Fähigkeiten er hat und was er wert ist. Aber ein Neugeborenes und ein Kleinkind kann nur durch das, was ihm die Menschen in seiner Umgebung mitteilen, entdecken, wer es ist, also zunächst durch seine Eltern und Geschwister und später auch durch andere Personen außerhalb der Familie.

Wenn man dem Kind beständig sagt, daß es alles verkehrt macht, daß es sich dumm und ungeschickt anstellt, dann ist es früher oder später davon überzeugt, wirklich unbegabt und wertlos zu sein. Viel zu oft wird Kindern gesagt: „Du bist so dumm! Warum nur kannst du nicht so sein, wie dein Bruder oder deine Schwester!“

Manche Eltern befürchten, ihre Kinder könnten stolz werden, und loben sie deshalb nicht. Aber es macht ein Kind nicht stolz, wenn es gelobt wird, es hilft ihm nur, seine Identität zu finden. Lob zeigt ihm, wer es ist und was es kann. Wenn aber die Eltern ins andere Extrem verfallen und ihrem Kind nicht sagen, wenn es einen offensichtlichen Fehler gemacht hat, dann beginnt das Kind am Lob der Eltern zu zweifeln.

Allerdings dürfen nie die Persönlichkeit und der Charakter des Kindes in Frage gestellt werden, wenn man mit ihm über einen Fehler spricht. Die Tatsache, daß es einen Fehler gemacht hat, bedeutet ja nicht, daß das Kind ständig alles falsch macht und wertlos ist.

Wertvoll zu sein ist für viele Christen gleichbedeutend damit, fehlerlos zu sein. Und weil wir nur zu genau wissen, daß wir nicht fehlerlos sind, daß wir alle gesündigt haben und vor Gott schuldig sind, fühlen wir uns wertlos. Aber das ist ein Mißverständnis. Denn nicht unsere Leistungen machen unseren Wert aus, sondern daß Gott sein Bild in uns hineingelegt hat. Jeder Mensch, auch jedes kleine Kind ist so unendlich wertvoll, daß Gottes Sohn starb, um uns zu erlösen und seine guten Eigenschaften in uns hineinzulegen.

Als wir in Nordkolumbien in einer Gemeindeaufbauarbeit tätig waren, besuchten wir auch viele Familien. Wenn uns die Eltern dann ihre Kinder zeigten, konnten wir häufig Sätze hören wie: „Das ist Blanca. Sie hat sich wirklich gut gemacht. Und dann haben wir auch noch Negrita. Aber sie taugt überhaupt nichts.“

Diese Eltern gaben Negrita das Gefühl, völlig wertlos zu sein. Und genau davon wird sie später, wenn sie heranwächst und erwachsen wird, überzeugt sein. Blanca aber wird merken, daß sie nicht annähernd so vollkommen ist, wie ihre Eltern immer sagten. Tief in ihrem Innersten wird sie wissen, daß auch sie sich manchmal dumm oder ungeschickt verhält. Sie wird spüren, daß sie nie die hochgesteckten Erwartungen ihrer Eltern erfüllen kann. Und deshalb wird auch sie sich wertlos vorkommen. Elvias Geschichte zeigt, welche weitreichenden Auswirkungen dies auf das Leben eines Erwachsenen haben kann.

Elvia

Elvia war Psychologin. Erst kürzlich hatte sie ihr Leben Jesus übergeben. Deshalb bat man sie, wie es in ihrer Kirche üblich war, vor der Gemeinde zu bezeugen, was Jesus in ihrem Leben getan hatte.

Elvia aber wies das von sich: „Was soll ich schon sagen? Ich war vorher glücklich, und ich bin noch immer glücklich. Das ist es wohl nicht wert, erwähnt zu werden.“

Sie erklärte das immer wieder so nachdrücklich, daß ich schließlich den Eindruck bekam, irgend etwas stimme nicht in ihrem Leben. Einen Monat später rief uns abends um halb elf ein junger Mann aus der Gemeinde an. Er bat uns, in Elvias Haus zu kommen, wo einige Leute schon seit zwei Tagen dafür beteten, daß ihre Freundin von dämonischen Bindungen frei werde. Wir fuhren hin, um zu sehen, was wir tun konnten, und erfuhren jetzt, daß die beiden jungen Frauen eine lesbische Beziehung zueinander hatten.

Am nächsten Tag riefen sie wieder an, weil sie die ganze Nacht nicht hatten schlafen können. Schließlich brachten wir Elvia zu uns nach Hause, denn sie war so voller Angst, daß sie nicht einmal wagte, sich irgendwo hinzusetzen. Ich gab ihr ein Medikament, um sie ruhigzustellen, und blieb an ihrem Bett, bis sie eingeschlafen war. Am nächsten Morgen schien sie ganz entspannt zu sein. Sie ging wieder nach Hause und zog kurze Zeit darauf in eine andere Stadt.

Ungefähr drei Monate später besuchte mich Elvia noch einmal. Sie wollte mir ihren Entschluß mitteilen, in ihr altes Leben ohne Gott zurückzukehren. Ihr neues Leben sei nicht wert, gelebt zu werden.

Drei Stunden lang versuchte ich, Elvia zu überreden, sich nicht von Jesus loszusagen. Schließlich mußte ich aufgeben. „Gut, dann geh zurück in dein altes Leben", sagte ich. „Ich kann dich nicht daran hindern. Nicht einmal Gott wird dich zurückhalten, wenn du gehen willst. Aber eins mußt du wissen. Die Bibel sagt: ‚Heute, wenn ihr seine Stimme hört, dann verstockt euer Herz nicht.' Wenn du in voller Absicht zurückgehst, dann erwarte nicht, daß Gott hinterherkommt und dir ein zweites Mal heraushilft."

„Aber dieses Leben ist nicht der Mühe wert", antwortete sie. „Und außerdem kannst du mir sowieso nicht helfen, denn du bist eine Frau. Diese Macht, die in mir ist, sagt mir, daß nur ein Mann mir helfen kann."

Elvia hatte mich fast überzeugt, als der Heilige Geist mir die Lüge zeigte. „Das stimmt nicht", sagte ich. „Vor Gott haben Männer und Frauen Zugang zu derselben Kraft. Außerdem habe ich nicht vor, diese Macht aus dir hinauszuwerfen. Es ist Jesus, der vollkommene Mann, der sie hinauswerfen will."

Gerade in diesem Augenblick kam eine andere Mitarbeiterin aus der Gemeinde in unsere Wohnung. Gemeinsam beteten wir für Elvia. In der Kraft Jesu trieben wir bei Elvia einen Lesbierdämon aus, einen Dämon des Hasses, einen des Ärgers und noch viele andere.

Dann erzählte mir Elvia die Geschichte ihres Lebens. Sie wußte nicht, wer ihre Mutter war. War es ihre Tante, mit der Elvia sich gut verstand, die aber unverheiratet war und sie deshalb zu jener Frau gegeben hatte, die Elvia Mutter nannte, oder war es die Frau, zu der sie Mutter sagte, aber die sie haßte und die sie deshalb immer wieder zu ihrer Tante abschob, damit die sie versorgte?

Jedesmal, wenn Elvia mit ihrer Mutter darüber sprechen wollte, hatte die nur gelacht und sich geweigert zu antworten.

„Ich weiß, daß meine Mutter mich nicht geliebt hat“, fuhr Elvia fort. „Sie sagte mir immer: ‚Deine Hautfarbe ist genauso wie die Hautfarbe deiner Großmutter. Und ich hasse sie. Du taugst nichts. Aus dir wird nie etwas, denn du bist viel zu dumm‘.“

Elvias Eltern hatten die Möglichkeit, sie zu einer der besten Privatschulen der Stadt zu schicken. Aber zugleich sagten sie ihr, daß sie zu dumm sei, um je etwas lernen zu können.

In Wirklichkeit war Elvia hochintelligent. Sie bekam sehr gute Noten. In ihrem dritten Schuljahr waren ihre Zensuren so außergewöhnlich, daß sie dachte: ‚Nun wird meine Mutter endlich glauben, daß ich nicht so dumm bin, wie sie meint.‘

Sie nahm ihr Zeugnis und stürmte nach Hause. Ihre Mutter saß im Wohnzimmer, als das kleine Mädchen ankam. Elvia rannte zu ihr und rief: „Mama, sieh dir meine Zensuren an. Siehst du, ich bin nicht dumm!“

Die Mutter nahm das Zeugnis, sah es sich an und rümpfte dann die Nase. „Hm. Das sind nicht deine Zensuren. Du bist viel zu dumm, um solche Zensuren zu verdienen. Du bist nur der Liebling deiner Lehrerin, und deshalb hat sie dir diese Zensuren gegeben. Niemals wirst du es schaffen, solche Zensuren zu verdienen!“

Elvia machte das Abitur und ging zur Universität, um Psychologie zu studieren. Sie schloß mit sehr guten Noten ab, als eine der Besten in ihrem Jahrgang. Es war während ihrer Zeit auf der Universität, als sie die lesbische Beziehung zu ihrer Freundin begann.

Als sie ihr Studium abgeschlossen hatte, arbeitete Elvia als Psychologin in einer Schule. Eines Tages wurde ihr ein elfjähriges Mädchen zugewiesen, das eine ungesunde Beziehung zu einem anderen Mädchen angeknüpft hatte. „Was konnte ich ihr sagen?“ fragte Elvia. „Ich hatte dasselbe Problem. Ich konnte ihr nur sagen, daß sie sich annehmen solle, wie sie sei. Ich sah keine Lösung für mich, wie sollte ich dann ihr helfen?“

Elvia und ich beteten miteinander. Dabei gingen wir Schritt für Schritt durch ihr Leben und zeigten Jesus alle einzelnen Stationen, die für Elvia bedeutsam gewesen waren. Als wir zu der Szene kamen, wie sie mit ihrem Zeugnis ins Wohnzimmer rannte, bat ich

Gott, er möge ihre inneren Augen öffnen, damit sie Jesus dort im elterlichen Wohnzimmer sitzen sehen konnte.

„Elvia, kannst du mit deinen geistigen Augen Jesus dort in eurem Wohnzimmer sitzen sehen?“

„Ja, ich sehe ihn in dem großen Sessel.“

„Nimm dein Zeugnis, und statt zu deiner Mutter zu rennen, lauf zu ihm. Zeig Jesus deine Zensuren und sieh, was er dazu sagt.“

Plötzlich fing Elvia an zu schluchzen und zu weinen. Als sie sich wieder beruhigt hatte, fragte ich sie, was geschehen war.

„Ich sah, wie Jesus dort saß“, rief sie aus. „Ich nahm mein Zeugnis und lief zu ihm. Er nahm mich auf seinen Schoß, schloß mich in seine Arme und sagte mir: Ich glaube dir, daß du diese Zensuren wirklich verdient hast. Du bist meine Tochter, und ich bin sehr stolz auf dich.“

In diesem Augenblick nahm Jesus die schreckliche seelische Verletzung auf sich, die Elvia so lange mit sich herumgeschleppt hatte. In der Gegenwart Jesu gingen wir weiter durch Elvias Vergangenheit, und ich spürte, wie etwas ganz Besonderes in ihr geschah. Gott heilte die Wurzel von Elvias Problem. Sie hatte sich verzweifelt nach einer Mutter gesehnt. Das war der tiefere Grund dafür gewesen, daß sie die lesbische Beziehung angefangen hatte. –

Elvia arbeitet nun unter Studenten. Sie führt sie zu der inneren Heilung, die sie selbst in Jesus gefunden hat. Als wir sie noch einmal baten, vor der Gemeinde über ihre Erfahrungen mit Jesus zu sprechen, zögerte sie keinen Augenblick mehr. Sie wußte nun, was Gott in ihrem Leben getan hatte.

Das waren Beispiele von Menschen, deren Grundbedürfnisse in ihrer Kindheit nicht befriedigt worden waren. Mancher Leser hat jetzt vielleicht das Gefühl, daß das auch bei ihm so war. Dann möchte ich ihn jetzt persönlich ermutigen: Gesteh dir die Wahrheit ein über das, was du fühlst. Rede dir nicht ein, daß alles in Ordnung ist, wenn du doch spürst, daß irgend etwas nicht stimmt. Vielleicht hast du das Gefühl, daß dein Vater oder deine Mutter dich nicht geliebt haben. Vielleicht konnten deine Eltern ihre Liebe auch nicht so zeigen, daß du es verstehen und fühlen konntest. Das zu sagen, heißt nicht, daß du deine Eltern beschuldigst. Es bedeutet lediglich, daß du dir eingestehst, was du fühlst. Außerdem sind auch deine Eltern ein Opfer der seelischen Verletzungen, die sie in ihrem Elternhaus erlitten, weil auch die Großeltern seelische Verletzungen hatten. Und so geht es Generation um Generation weiter zurück.

Dazu kommt noch: Wenn du dir die Wahrheit über deine eigenen Gefühle nicht eingestehst und nicht geheilt wirst, dann wirst du wiederum deine Kinder verletzen. Denn wer innerlich unheil ist, gibt Unheil weiter. Natürlich willst du das nicht, aber du kannst es nicht verhindern, denn man kann nur weitergeben, was man selber hat.

Ich möchte dir vorschlagen, jetzt ein Blatt Papier zu holen und alles aufzuschreiben, was dich in deinem Leben verletzt hat. Wie war dein Vater? Wie hat deine Mutter dich behandelt? Was haben sie dir gesagt? Schreib nicht auf, was deine Eltern vielleicht über einen bestimmten Vorfall denken, schreib auf, was du selbst gefühlt hast. Was haben deine Geschwister über dich gesagt, und was die Lehrer?

Was hast du gefühlt, als man dir sagte, du könntest nichts und taugtest noch viel weniger? Oder hat man dich vielleicht zu hoch gelobt und nie zugegeben, daß du auch einmal Fehler machtest, obwohl du selbst im Innersten wußtest, daß du gar nicht so gut warst, wie immer gesagt wurde?

Wie hast du dich gefühlt, wenn du mit anderen verglichen wurdest, vielleicht mit deinen Geschwistern, oder wenn du ungerecht bestraft wurdest und dich nicht dagegen wehren konntest? Haben vielleicht eine Tante oder ein Onkel dich innerlich verletzt oder andere Verwandte? Waren es Spielkameraden, Mitschüler, Lehrer oder Nachbarn? Schreib alles auf, was dir jetzt in den Sinn kommt. Sei ehrlich vor Gott und vor dir selbst. Es ist die Wahrheit, die dich frei machen kann.

Wenn die Grundbedürfnisse eines Kindes nicht ausreichend befriedigt wurden, dann leidet es als Erwachsener häufig unter einem tiefgreifenden Gefühl der Unsicherheit und Minderwertigkeit und ist gequält von Komplexen. Im nächsten Kapitel werden wir uns näher mit diesen Komplexen befassen.

Kapitel 4: Der Minderwertigkeitskomplex

Jeder Mensch hat Komplexe, einer mehr, einer weniger. Das liegt daran, daß wir alle in die gefallene menschliche Rasse hineingeboren worden sind, wo es keine perfekten Eltern gibt. Und deshalb sind nicht jederzeit alle unsere Grundbedürfnisse so befriedigt worden, wie wir es gebraucht hätten und es verstehen und fühlen konnten.

Jedes Kind fühlt sich hin und wieder mißverstanden, verletzt und zurückgewiesen. Wenn seine Eltern das merken und verstehen und ihm helfen, wird das Kind ohne große seelische Probleme aufwachsen. Nur können Kinder leider nicht immer erklären, was ihnen geschehen ist. Und manchmal sind – wie schon im vorigen Kapitel erwähnt –, die Eltern selbst innerlich so verletzt, daß sie dem Kind einfach nicht das geben können, was es braucht.

So kommt es, daß kein Kind ohne seelische Verletzungen erwachsen wird, und deshalb leidet jeder Mensch mehr oder weniger unter Minderwertigkeitskomplexen. Die unterschiedliche Schwere dieser Komplexe kann man an einer Skala darstellen:

Grad der Überlegenheit

+5
+4
+3
+2
+1
———————— 0 Jesus
-1
-2
-3 Menschen
-4
-5

Grad der Minderwertigkeit

Nur ein einziger Mensch lebte jemals ohne jeden Komplex: Jesus. Er fühlte sich weder minderwertig, noch zeigte er Überheblichkeit. Wir könnten sagen, daß er beim Nullpunkt der obigen Skala war.

Im Johannesevangelium Kapitel 13 steht, daß Jesus wußte, woher er kam und wohin er ging. Er war Gott, aber er wurde nicht überheblich. Er wurde ans Kreuz genagelt, aber er fühlte sich nicht minderwertig. Er konnte hochgestellten Persönlichkeiten gegenübertreten, und doch war er sich nicht zu gut dazu, mit jener verachteten samaritanischen Frau zu sprechen, die schon mit dem sechsten Mann zusammenlebte. Weil er wußte, wer er war, konnte er sich sogar niederbücken und seinen Jüngern die Füße waschen.

Kein Mensch wird je dieses gefühlsmäßige Gleichgewicht erlangen, das Jesus hatte, wenngleich das unsere ursprüngliche Bestimmung war. Wir werden uns immer irgendwo im Minusbereich der Minderwertigkeitsgefühle befinden.

Weil wir aber nicht leben können mit einem ständigen Defizit an Wertgefühl, müssen wir je nach dem Grad unserer Minderwertigkeitsgefühle etwas dagegensetzen, das uns ein Gefühl der Überlegenheit gibt. Das Empfinden, ständig unterlegen zu sein, würde uns sonst schließlich in den Selbstmord treiben. Wir brauchen also, wenn wir uns beispielsweise im Grade von minus vier minderwertig fühlen, etwas, das uns zu Überlegenheitsgefühlen im Grade von plus vier verhilft, um unser Leben erträglich zu halten.

Wie verschaffen wir uns diesen Ausgleich? Es gibt unterschiedliche und zum Teil sogar sehr gegensätzliche Möglichkeiten.

Selbstisolation

Norma war Studentin an unserem Seminar. Mit den anderen Studenten hatte sie wenig Kontakt. Sie blieb immer für sich. Wenn man Norma darauf ansprach, sagte sie: „Das Problem ist, daß mich die anderen immer in Schwierigkeiten bringen."

Dazu paßte, daß Norma behauptete, selbst nie Probleme zu haben. Alle ihre Probleme und Schwierigkeiten würden von den Menschen um sie her verursacht. Nach einem Gespräch mit Norma zeigte sich, daß sie unter starken Minderwertigkeitsgefühlen litt, man könnte sagen, im Grade von minus drei. Diese Unzulänglichkeit glich sie aus mit plus drei des überlegenen Gefühls, „nie irgendwelche Probleme zu haben“. Alles, was das gute Gefühl, „nie Probleme zu haben“, beeinträchtigte, wurde abgeblockt. Deshalb zog sich Norma von jeder näheren Beziehung zu den anderen Studenten zurück. Auf diese Weise hatte sie keine Probleme, und keine Probleme zu haben, gab ihr das Gefühl, wertvoll zu sein.

Aufmerksamkeit erzwingen

Auch wer ständig versucht, sich in den Mittelpunkt zu stellen, will damit meist Minderwertigkeitsgefühle ausgleichen. Denn wenn alle auf einen achten, fühlt man sich wertvoll.

So war es auch bei Pablo. Immer wieder erwähnte er mir gegenüber: „Ich bin ein Profi. Sie sind genauso ein Profi wie ich.“

Pablo hatte große Minderwertigkeitskomplexe. Nach vielen Mühen war es ihm gelungen, einen Universitätsabschluß zu erlangen. Also war er nun ein „Profi“, und als Profi, so schien es ihm, hatte er wirklich einigen Wert. So glich er sein tiefes Gefühl der Minderwertigkeit aus.

Überempfindlichkeit

Wer sich minderwertig fühlt, wird oft überempfindlich. Er hat ohnehin das Gefühl, daß alle anderen ihm überlegen sind. Wenn er kritisiert wird, fühlt er sich noch weiter hinuntergestoßen. Das bewirkt ein noch größeres Defizit, das derjenige dann vielleicht nicht mehr ausgleichen kann. Deshalb muß er jede Kritik, die solch ein Defizit verursachen könnte, abweisen.

Es kann aber auch das Gegenteil geschehen. So wies Pablo, der „Profi“, jedes Lob zurück. Eines Tages sprach ich anerkennend über ein Referat, das er im Seminar gehalten hatte. „Sagen Sie mir nicht so etwas“, erwiderte er arrogant. „Ich schätze es nicht, gelobt zu werden. Ich erwarte, daß man mir sagt, was ich falsch mache!“

Pablo hatte eigentlich Angst vor Fehlern. Daß er trotzdem gerade über seine Fehler reden wollte, bedeutete in seiner Vorstellung, daß er reif genug war, um seinen Irrtümern ins Auge zu sehen, und deshalb fühlte er sich als ein wirklich wertvoller Mensch.

Wenn er dagegen gelobt wurde, fühlte er sich unreif und verunsichert, weil er befürchtete, daß man in Wirklichkeit ganz anders über ihn dachte. Er versuchte, seine Minderwertigkeitsgefühle damit auszugleichen, daß er fortwährend etwas über seine Fehler hören wollte.

Wer Minderwertigkeitsgefühle hat, will entweder ständig gelobt werden, oder er weist jedes Lob zurück. Jesus nahm beides an, Lob und Kritik, ohne sich minderwertig oder überlegen zu fühlen.

Besitzstreben

Auch durch übersteigertes Besitzstreben gleicht mancher seine Minderwertigkeitsgefühle aus. Man kann dann von ihm Bemerkungen hören wie: „Das ist meins! Laß die Finger davon!"

Manchmal bezieht sich solches Besitzstreben nicht auf Dinge, sondern auf Menschen. Eine Reihe der halbwüchsigen Mädchen einer Gemeinde, in der wir als Pastorenehepaar arbeiteten, fühlten sich minderwertig und unsicher. Deshalb wetteiferten sie ständig darum, die in der Gruppe beliebtesten Mädchen als ihre beste Freundin zu haben. Befaßte sich ein anderes Mädchen zu sehr mit dieser Freundin, war das für diese Mädchen ein Grund, nicht mehr zur Gemeinde zu kommen. Man konnte immer wieder hören, wie eine sagte: „Sie hat mir meine beste Freundin weggenommen. Ich komme nie mehr!"

Diese Mädchen glichen ihre Minderwertigkeitsgefühle damit aus, daß sie sich mit der Beliebtheit ihrer Freundinnen identifizierten. Je beliebter ihre beste Freundin war, desto wertvoller fühlten sie sich selbst. Folglich verging auch ihr Wertgefühl sehr schnell, wenn sie die ungeteilte Freundschaft dieses Mädchens verloren. Je größer der Minderwertigkeitskomplex war, desto beliebter mußte die beste Freundin im Kreis der anderen sein und desto störanfälliger war die Freundschaft.

Perfektionismus

Wohl jeder kennt Leute, die alles perfekt machen wollen. Wenn ihnen etwas nicht perfekt gelingt, dann fühlen sie sich wertlos. Angenommen, ihr Minderwertigkeitskomplex müßte bei etwa minus fünf in unserer Skala eingeordnet werden, dann müssen sie das mit einer Perfektion im Grade von plus fünf ausgleichen. Wenn Gloria, das Mädchen, das uns für seine Eltern hielt (Kapitel 2), nach dem Kaffeetrinken gegangen wäre, bevor nicht auch die letzte Tasse wieder sauber im Schrank stand, hätte sie sich wertlos gefühlt. Sie bezog ihr Selbstwertgefühl daraus, alles richtig zu machen.

Kritiksucht

Wer sich selbst minderwertig fühlt, kritisiert oft andere aufs schärfste, zum Beispiel mit Bemerkungen wie: „Der hat überhaupt keine Ahnung!" oder: „Wie kann man nur so dumm sein!" Wenn jemand, der sich minderwertig fühlt, noch Fehler anderer erkennen kann, dann meint er, es müsse an ihm selber ja doch noch etwas Gutes sein. Er könne ja eigentlich nicht ganz so schlecht sein wie derjenige, dessen Fehler ihm noch auffallen.

Wenn jemand überempfindlich ist gegenüber jeder Kritik, läßt das ebenfalls auf Minderwertigkeitsgefühle schließen. Wenn so jemand an Leuten vorbeikommt, die miteinander tuscheln, denkt er sofort: „Was sagen die über mich?" Niemals käme er auf den Gedanken, die anderen könnten eine Überraschungsparty für ihn planen. Er „weiß" einfach, daß die anderen schlecht über ihn reden.

Projektion

Die Furcht vor der eigenen Schwäche zeigt sich manchmal auch darin, daß man den eigenen vermeintlichen Fehler ständig in anderen erblickt. So mag im geheimen seinen eigenen Stolz fürchten, wer sagt: „Ist der aber stolz!"

In einem meiner Psychologiekurse bat ich die Studenten, kurz aufzuschreiben, was sie an sich selbst nicht leiden mochten. Alle Studenten außer Pedro machten mit.

Pedro aber schrieb: „Was mich am meisten bedrückt, ist, daß ich nirgends einen wirklich geistlich geprägten Menschen finde. Der Pastor meiner Kirche ist nicht geistlich. In meiner ganzen Heimatgemeinde ist niemand geistlich. Ich hatte gedacht, die Dozenten hier am Seminar und auch die Studenten, die sich auf den Gemeindedienst vorbereiten, seien geistlich. Wie enttäuscht war ich, als ich hier ankam und niemanden fand, der wirklich geistlich war – weder bei den Dozenten noch bei den Studenten. Es gibt nicht eine einzige geistlich geprägte Persönlichkeit in diesem ganzen Seminar."

Ich rief Pedro in mein Arbeitszimmer und fragte ihn, ob er sich selbst für nicht sehr geistlich halte. Er ließ seinen Kopf sinken und murmelte: „Ja."

Pedro stammte aus einer christlichen Familie. Schon als Kind nahm er Jesus als seinen Herrn an. Da sie sehr beengt wohnten, mußte er, als er acht Jahre alt war, mit einer seiner Kusinen, Alicia, zusammen in einem Bett schlafen. Er machte zwar nichts mit ihr, aber er stellte sich in Gedanken vor, wie er sie sexuell berührte. Obwohl Pedro Gott dafür wieder und wieder um Vergebung gebeten hatte, glaubte er seither, er sei schlecht. Er war überzeugt, daß kein geistlich geprägter Mensch jemals solche Gedanken haben könne.

Wir beteten zusammen und legten diese Gedanken auf Jesus, damit er sie ans Kreuz trug. Und dann vergab Pedro sich selbst. Nicht lange darauf entdeckte Pedro an allen um sich her, Dozenten wie Studenten und sogar an sich selbst, mehr geistliches Leben.

Kompensation

Wer sich unterlegen fühlt, muß seine vermeintliche Unzulänglichkeit irgendwie ausgleichen. Besonders deutlich zeigte sich das oft bei den Neuankömmlingen im Seminar in Kolumbien. Sie waren fern ihrer vertrauten Umgebung. Alles war für sie neu und fremd.

All die Schutzwälle, die sie in ihrer heimatlichen Gemeinschaft um sich herum gebaut hatten, fehlten ihnen jetzt. Sie fühlten sich nackt und bloß und wußten nicht, wie sie sich verhalten sollten.

Ein Student, der recht klein war, begann sehr gewichtig einherzugehen, er stampfte beinahe daher. Seine Schritte hörten sich an wie die eines großen, starken Mannes. Er ärgerte unseren kleinen Hund und schlich sich hinter die Mädchen, um sie zu erschrecken und sie zum Schreien zu bringen.

Eines Tages fragte ich ihn: „Warum ärgerst du die kleinen Tiere und die Mädchen? Warum ärgerst du nicht den großen Wachhund oder die Jungen, die so groß sind wie du oder größer? Fühlst du dich als starker Mann, wenn die Mädchen schreien?"

„Nein, nein, das ist es nicht", sagte er. „Ich höre es nur so gern, wenn sie kreischen."

Dieser Student fühlte sich aus vielen Gründen minderwertig. Er versuchte, seine kleine Gestalt vergessen zu machen, indem er die kleinen Tiere und die Mädchen ärgerte.

Wenn wir so oder ähnlich versuchen, unsere Minderwertigkeitsgefühle auszugleichen, dann messen wir uns nie mit Menschen, die uns ebenbürtig sind oder die uns stärker erscheinen. Bei ihnen könnten wir ja unterliegen und uns dann noch schlechter fühlen.

Gesundes Selbstwertgefühl

Auf unterschiedlichste Weise versuchen wir, Minderwertigkeitskomplexe auszugleichen und Selbstwertgefühl zu entwickeln – sei es durch Perfektionismus oder durch dauerndes Vergleichen mit anderen, die vermeintlich noch schlechter sind als wir selbst. Für ein gesundes Selbstwertgefühl gibt es allerdings nur diese eine Grundlage: Wir sind wertvoll, weil wir nach dem Bilde Gottes geschaffen sind. Deshalb bleiben auch unsere Versuche letztlich erfolglos, unsere Identität und unseren Selbstwert auf das zu gründen, was wir tun, statt auf das, was wir sind.

Wenn aber unser Selbstwert für uns nicht mehr auf dem beruht, was wir tun, sondern darauf, was wir als Geschöpfe Gottes sind, können wir von Minderwertigkeitsgefühlen frei werden. Denn die

Grundlage unseres Wertes ist dann nicht mehr unsere Leistung, sondern Gott selbst.

Es gibt nur eine Möglichkeit, von Minderwertigkeitskomplexen befreit zu werden: Wir müssen die Wahrheit eingestehen. Jesus sagt: „Die Wahrheit wird euch frei machen" (Johannes 8, 32). Wenn wir vor uns und vor Jesus die Wahrheit eingestehen über das, was wir von uns selbst halten, dann will er uns von unseren Komplexen befreien. Er ist als Mensch auf die Erde gekommen und er ist am Kreuz gestorben, um uns zu zeigen, wie wertvoll wir für ihn sind. Er will uns unsere Minderwertigkeitsgefühle abnehmen und uns dabei helfen, uns selbst fortan so zu sehen, wie er uns sieht: als Menschen, die er liebt und die für ihn so wertvoll sind, daß er für sie sein Leben hingegeben hat.

Wenn jemand unter Minderwertigkeitskomplexen leidet, gibt es meist bestimmte Bereiche in seiner Persönlichkeit, wo er Heilung braucht. Im nächsten Kapitel werden wir auf einige dieser Bereiche näher eingehen.

Kapitel 5: Heilung der Persönlichkeit

„Wer bist du? Hast du dich selbst akzeptiert? Magst du dich so, wie du bist, oder bist du ärgerlich auf dich und lehnst dich ab?" Um diese Fragen kreisen viele der Gespräche, die ich führe. Ein junges Mädchen sagte mir einmal: „Aber wie kann ich mich selbst mögen, mit diesen dünnen Beinen und den krummen Zehen!"

So wie sie hat wohl jeder von uns irgend etwas an sich, das er nicht leiden kann. Bei mir waren es früher meine Sommersprossen. Ich fand sie schrecklich häßlich. Wie gern hätte ich eine dunklere Haut gehabt! Und dann noch mein Haar, dies rötliche, mausefarbene Haar, wie ich es nannte. Ich erinnere mich noch gut an den Tag, an dem ich schließlich akzeptierte, daß Gott mich so gemacht hatte, wie ich war, und daß ich für ihn schön war.

„Hast du dich so angenommen, wie Gott dich gemacht hat? Oder haßt du dich selbst? Ist dir deine Nase zu lang, sind dir deine Beine zu dünn oder deine Zehen zu krumm? Aus welchem Grund lehnst du dich selber ab?" Es ist wichtig, diese Fragen zu klären, denn Selbstablehnung hat langandauernde Auswirkungen. Sie kann bis in eine Ehe mit hineingetragen werden und die Partnerschaft zerstören. Bei Fabio und Flor wäre das beinahe geschehen.

Fabio

Fabios Vater, ein Arzt, kam fast jeden Abend betrunken nach Hause. Seine früheste Erinnerung war, wie seine Mutter ihn mitten in der Nacht weckte und ihn zusammen mit seinen vier älteren Geschwistern in wilder Hast unters Bett steckte, weil sein Vater nach Hause kam. Er konnte hören, wie seine Mutter schrie, weil der Vater sie mit seinem Gürtel schlug, und wie dann das Bett erbebte, als sein Vater auf die Matratze eindrosch, wo Fabio noch wenige Augenblicke vorher schlafend gelegen hatte.

Sein Vater änderte sich zwar einige Jahre vor seinem Tod und führte ein etwas nüchterneres Leben, so daß die Familie zu Hause Frieden hatte. Dennoch endeten die Ehen von Fabios Geschwistern alle mit Streit und Trennung, genauso wie die Ehen all seiner Onkel und Tanten. Seine Eltern waren die einzigen aus seiner Familie, die sich nicht scheiden ließen.

Wir lernten Fabio durch unsere Freundin Flor kennen, eine hübsche junge Frau, die schon seit fünf Jahren fest mit ihm befreundet war. Wir ermutigten Fabio und Flor zu heiraten, weil in Kolumbien niemand geglaubt hätte, daß eine feste Freundschaft über fünf Jahre nicht auch sexuelle Beziehungen einschloß. Aber sie wollten nicht heiraten. Einige Wochen später kamen sie zu uns, um doch noch einmal über die ganze Angelegenheit zu sprechen.

„Ich liebe Flor zu sehr, um sie zu heiraten“, sagte Fabio niedergeschlagen. „Ich weiß ganz genau, daß unsere Ehe zerbrechen wird, wenn wir heiraten. Unsere Freundschaft ist für mich so wertvoll, daß ich sie nicht zerstören will. Ich kann sie nicht heiraten.“

Und dann erzählte uns Fabio die Geschichte seines Vaters, und wie die Ehen von allen seinen Verwandten seit mehreren Generationen in fortwährendem Streit geendet hatten.

Wir beteten mit Fabio und brachten alle schweren Erinnerungen aus seinem Leben zu Jesus. Wir baten Jesus, in jenes Zimmer zu gehen, wo der Vater Fabios Mutter geschlagen hatte, und die ganze Sache mit ans Kreuz zu nehmen. Wir baten Jesus, Fabios Augen und Ohren zu heilen, die diese grauenvollen Dinge gesehen und gehört hatten. Im Namen Jesu banden wir all das Mißverstehen und die Trennungen, die in seiner Familie von Generation zu Generation weitergegeben worden waren, und dann trieben wir sie im Namen Jesu aus. Bald danach machten Fabio und Flor Pläne für ihre Heirat.

Flor

Zwei Wochen vor der Hochzeit rief Flor mich weinend an. Sie wollte kommen, um mit mir zu sprechen.

„Ich kann nicht heiraten“, sagte sie, als sie wenig später vor mir saß. „Ich weiß nicht, was ich machen soll. Ich bin so eifersüchtig. Wenn Fabio auch nur fünf Minuten zu spät nach Hause kommt, kann ich nur noch eins denken: ‚Was macht er bloß? Mit welchem Mädchen ist er ausgegangen? Mit wem spricht er? Wo gehen sie jetzt hin?‘ Ich habe darüber gefastet. Ich habe darüber gebetet. Aber es ändert sich nichts. Alles bleibt beim alten. Ich kann so doch nicht heiraten!“

Mich wunderte dieser Ausbruch, denn ich kannte Flor nun schon lange Zeit und hatte gedacht, sie sei wirklich reif zur Ehe. Ich konnte nur Gott bitten, mir den Schlüssel zu ihrem Problem zu zeigen.

Während Flor mir von sich erzählte, kam mir plötzlich ein Gedanke. „Flor“, fragte ich, „könnte es sein, daß du als Kind in negativer Weise mit anderen verglichen worden bist?“

Flor ließ ihren Kopf sinken und fing wieder an zu weinen. Zustimmend nickte sie. Flor hatte zwei ältere Schwestern. Wenn die mit ihr über die Straße gingen, machten sie immer wieder herabsetzende Bemerkungen: „Sieh mal die Frau da. Siehst du ihre häßliche Nase? Genauso sieht deine Nase aus. Siehst du, was für einen abscheulichen Gang diese Frau dort drüben hat? So gehst du auch. Ganz genauso!“

Als die Nachbarn nach ihrer Geburt gekommen waren, um Flor anzuschauen – so hatten ihr die Schwestern erzählt –, hatte man sie in einem anderen Zimmer versteckt, weil sie so häßlich war. Sie hatten sich geschämt, den Nachbarn ihre neue Schwester zu zeigen. „Du bist das häßlichste Wesen, das wir je gesehen haben!“ sagten sie ihr immer wieder.

In Wirklichkeit war Flor eine wirklich hübsche junge Frau. Aber sie fühlte sich nicht so.

„Könnte es sein“, fragte ich sie, „daß du immer denkst, du wärst so häßlich, daß niemand Interesse an dir haben kann? Daß auch, wenn ein Mann dich wirklich zu lieben scheint, jedes andere Mädchen ihn dir abspenstig machen kann, wenn sie es nur will?“

Wieder nickte Flor, und von neuem rannen Tränen über ihr Gesicht. „Ja, das ist genau das, was ich fühle“, schluchzte sie.

Ich bat Flor, sich alle die Gelegenheiten ins Gedächtnis zurückzurufen, wo ihr jemand gesagt hatte, daß sie häßlich und abstoßend sei. Gemeinsam baten wir nun Jesus, mit ihr zurück durch ihr Leben zu gehen.

„Erinnere dich an die Frau mit der häßlichen Nase“, sagte ich. „Und nun sieh Jesus bei euch, zwischen deinen Schwestern und jener Frau. Sage Jesus alles, was deine Schwestern dir gesagt haben. Sieh, wie er die Worte aufnimmt und alles Verletzende herausnimmt, bevor sie dich erreichen. Nun zeige ihm die Frau mit dem abstoßenden Gang und jenes häßliche Baby, das im Nebenraum versteckt ist. Leg das alles auf Jesus, damit er es ans Kreuz bringt.“

Wir baten Jesus, in jede dieser Begebenheiten hineinzukommen. Ich legte meine Hände auf Flors Augen und auf ihre Ohren und bat Gott, sie zu heilen und auch Flors so tief verletzte Gefühle.

Zwei Wochen später heirateten Fabio und Flor. Im Jahr darauf lud Flor mich ein, in der Frauengruppe ihrer Gemeinde zu sprechen. Ich bat Flor um Erlaubnis, dabei auch ihre Geschichte zu erzählen. Nach dem Treffen sagte Flor zu mir: „Stell dir vor, Fabio und ich hatten noch keine einzige Auseinandersetzung, seit wir vor einem Jahr geheiratet haben.“

Flor und Fabio sind inzwischen Eltern von zwei hübschen Kindern. Wir wohnten einige Zeit ganz in ihrer Nähe. Sie führen eine der harmonischsten Ehen, die wir kennengelernt haben.

Aber stellen wir uns einmal vor, wie lange ihre Ehe gehalten hätte, wenn sie nicht zuvor beide Heilung empfangen hätten. Fabio wäre dann vielleicht spät von der Arbeit nach Hause gekommen, müde und hungrig, immer mit dem Gedanken im Kopf, daß ihre Ehe wohl bald zerbrechen würde, weil keine Ehe lange halten könne.

Flor hätte dann schon an der Tür auf ihn gewartet und ihn sofort mit Fragen überfallen: „Wo bist du gewesen? Du bist mit einer anderen ausgegangen, das weiß ich ganz genau. Wer war es diesmal? Und mach nicht noch so ein unschuldiges Gesicht!“ Vielleicht wäre ihre Ehe kaum ein halbes Jahr alt geworden.

Vor einiger Zeit bat mich Flor noch einmal, vor einer Frauengruppe in ihrer Gemeinde zu sprechen. Nach dem Vortrag sagte Flor zu mir, daß sie tatsächlich vollkommen vergessen habe, wie sie sich früher gefühlt hatte. Als sie hörte, wie ich ihre Geschichte erzählte, dachte sie: „Es stimmt, genauso habe ich mich gefühlt.

Aber Gott hat mich so vollkommen geheilt, daß ich sogar den Schmerz vergessen habe."

So wie Flor sind auch viele andere negativ verglichen worden. Vielleicht mußte jemand so etwas hören wie: „Johannes macht sich so gut, aber du taugst überhaupt nichts!" Oder: „Hast du gesehen, wie hübsch Christine ist? Aber du ..." Derartige Vergleiche haben oft tiefe Verletzungen zurückgelassen. Aber Jesus will auch dies heilen und neu machen, was zerbrochen ist.

Sich selbst vergeben

Manchmal tun wir Dinge, die wir uns selbst nicht vergeben können. Wir hatten von uns selbst etwas viel besseres erwartet, als wir dann getan haben. Und so fühlen wir uns gedemütigt und beschämt durch unser eigenes Versagen. Bei Emily war das so.

Emily

Emily war fast immer depressiv. Eines Tages erzählte sie mir, daß sie vor einigen Jahre mehrmals abgetrieben hatte. Als ich sie fragte, ob Gott ihr vergeben habe, versicherte sie mir, das habe er getan.

„Bist du sicher, daß Gott dir vergeben hat?" fragte ich noch einmal. „Ja, er hat mir vergeben, denn ich habe ihm meine Sünde bekannt, und er hat versprochen, mir dann zu vergeben. Ich glaube, daß er mir vergeben hat."

„Hast du dir selbst auch vergeben?"

„Aber nein!" rief sie aus. „Wie könnte ich mir selbst so etwas Schreckliches vergeben?"

„Emily, bist du heiliger als Gott?" fragte ich sie weiter.

„Nein", antwortete sie überrascht.

„Aber du sagst doch in Wirklichkeit: ‚Gott, du vergibst mir. Das kann ich annehmen. Aber ich selber bin heiliger als du. Deshalb kann ich mir selbst nicht vergeben.' Stimmt es nicht, daß du so denkst, wenn du Gottes Vergebung annimmst, dich aber weigerst, dir selbst zu vergeben?“

„Aber ich habe meine eigenen Babys umgebracht. Sie haben mir gesagt, es seien einfach nur Zellklumpen, aber ich wußte, daß es meine Kinder waren.“

„Emily, wo sind deine Kinder jetzt?“

„Ich weiß es nicht. Auch deshalb ist alles so schlimm. Ich glaube, sie haben sie einfach in den Abfall geworfen. Wie konnte ich nur so etwas Schreckliches tun?“

„Emily, laß uns Jesus bitten, mit dir in diese Erinnerung von deiner ersten Abtreibung zurückzugehen. Nimm Jesus bei der Hand und führe ihn zur Tür dieses Raumes. Erkläre ihm alles, was geschehen ist und was du gefühlt hast. Nun stell dir vor, wie du selbst das kleine Baby, von dem du wußtest, daß es da war, in eine Decke wickelst und es behutsam Jesus in die Arme legst. Kannst du sehen, wie er es liebevoll in seine Arme nimmt?“

„Ja“, sagte Emily. „Er hält es so zart und liebevoll.“

„Dann bitte Jesus jetzt, daß er solange für dein Baby sorgt, bis du es wiedersehen kannst.“

„Jesus“, betete Emily, „es tut mir so leid, was ich mit meinem Kind gemacht habe. Bitte nimm es mit dir und sorge für es, bis ich es wiedersehen kann.“

„Wenn du mit deinem Kind sprechen könntest, was würdest du ihm sagen wollen?“ fragte ich Emily.

„Oh“, weinte sie, „ich würde sagen: Bitte, bitte, vergib mir. Mir tut so leid, was ich dir angetan habe. Ich war so müde und hatte schon so viele Kinder. Ich dachte, ich könnte es nicht mehr schaffen, noch ein Kind zu haben. Aber nun tut es mir so leid. Ich wünschte, ich könnte alles rückgängig machen. Ich liebe dich. Bitte, vergib mir.“

„Emily“, sagte ich, „wir können nicht wirklich mit deinem Kind sprechen. Aber es ist nun ganz sicher bei Jesus. Jesus weiß, wo es jetzt gerade ist. Bitte Jesus, deinem Kind zu überbringen, was du ihm gerne sagen möchtest.“

„Lieber Herr Jesus“, betete Emily, „danke, daß du für mein Baby sorgst. Bitte sag ihm, daß mir leid tut, was ich ihm angetan habe, daß ich es sehr lieb habe und mich darauf freue, es im Himmel wiederzusehen.“

„Dann sag jetzt zu dir selbst so laut, daß du es hören kannst, daß du dir mit der Vergebung Jesu vergibst."

„Emily", sagte Emily zu sich selbst, „ich konnte dir das nicht vergeben, was du mit deinem Baby gemacht hast. Aber Jesus hat das, was du getan hast, ans Kreuz getragen. Er hält dein Baby jetzt sicher in seinen Armen und sorgt für es. Jesus hat seine Vergebung in mich hineinfließen lassen. Emily, mit dieser Vergebung Jesu will ich dir jetzt vergeben, was du getan hast. Ich vergebe dir und nehme dich an, genauso, wie Jesus dir vergeben und dich angenommen hat."

„Und nun sag Jesus, daß du dir selbst mit seiner Vergebung vergeben hast."

„Jesus", betete Emily, „mit deiner Vergebung habe ich mir selbst vergeben. Weil du mir gnädig bist, halte ich mir die alten Dinge jetzt nicht mehr vor. Ich vergebe mir und nehme mich an, so wie du das auch getan hast."

Gibt es vielleicht auch in deinem Leben Dinge, die du dir selbst nicht vergeben kannst? Dann füge dies noch der Aufstellung hinzu, die ich im dritten Kapitel angeregt habe, wo du all deine seelischen Verletzungen aufgeschrieben hast, die nie verheilt sind. Und füge noch alles hinzu, was du an dir selbst nicht leiden kannst, an deinem Körper und deinem Charakter. Schreib die Wahrheit, denn die Wahrheit wird dich frei machen. Nicht das, wovon du meinst, daß du es aufschreiben solltest, ist gefragt, auch nicht, was du als Christ denken und fühlen solltest. Es geht nur um das, was wirklich in deinem Herzen ist.

Selbstannahme

In meiner Familie gab es schon drei Mädchen und einen Jungen, als mein Zwillingsbruder und ich geboren wurden. Mein viereinhalbjähriger Bruder hatte sich natürlich einen Jungen gewünscht. Aber bei der Entbindung gab es Schwierigkeiten, und da ich zuerst geboren worden war, kam ich noch gesund zur Welt, aber mein Bruder starb.

Meine ältere Schwester erzählte mir später, daß meine Geschwister uns zwei Babys am Tag nach unserer Geburt, bevor mein Zwillingsbruder beerdigt werden sollte, nebeneinandergelegt hatten, um zu sehen, wie ähnlich wir uns sahen. Als mein viereinhalbjähriger Bruder uns sah, versuchte er dem kleinen Jungen die Augen aufzumachen und schrie: „Nein, nein! Das Mädchen soll sterben! Ich will nicht noch ein Mädchen! Ich will, daß mein Bruder lebt!“

Als ich älter wurde, entwickelte ich mich zu einem frühreifen Kind. In jeder Gruppe war ich vorneweg, die erste, die den Finger hob, wenn eine Frage gestellt wurde, immer nach vorne drängend. Meine Mutter ermahnte mich oft in unserem Pennsylvania-Deutsch: „Sei net so vorwitzig!“ Aber ich vergaß mich immer wieder und drängelte mich wieder nach vorn.

Irgendwie flossen dieses Vorwärtsdrängen und die Tatsache, daß ich vor meinem Zwillingsbruder geboren worden war, in meiner kindlichen Vorstellung zusammen. Schließlich meinte ich, daß ich mich auch vorgedrängelt hatte, als wir geboren werden sollten, und daß ich so den Tod meines Bruders verursacht hatte. Ich hatte ihn umgebracht. Wenn ich nicht so „vorwitzig“ gewesen wäre, dann wäre er am Leben geblieben, und ich wäre gestorben, und mein älterer Bruder hätte den Jungen gehabt, den er sich so sehnlich gewünscht hatte. Ich war an der ganzen Sache schuld.

Mein Bruder war ein „Handwerker“. Weil er keinen Bruder hatte, dem er alles beibringen konnte, was er entdeckte, brachte er es mir bei. Viele Jahre lang versuchte ich, ein Junge zu sein. Doch trotz aller Bemühungen konnte ich nicht den Platz meines Bruders ausfüllen, den ich nach meiner Vorstellung umgebracht hatte.

Als ich dreieinhalb Jahre alt war, faßte ich den Entschluß, mit Jesus zu leben. Trotzdem fühlte ich mich ständig schuldig. Was ich Falsches getan hatte, das hatte ich bereut und dafür Vergebung empfangen. Aber das änderte nichts an meinem Schuldgefühl.

Später, als ich heranwuchs, entwickelte ich starke Minderwertigkeitskomplexe. Ich konnte mich mit keinem Jungen anfreunden. Immer, wenn einer versuchte, mit mir in näheren Kontakt zu kommen, sagte ich irgend etwas Gemeines, damit er den Kontakt abbrach. Eigentlich wollte ich das gar nicht, aber es passierte mir einfach.

Ich verstand nicht, was mit mir los war. Erst während meines

Psychologiestudiums wurde mir klar, daß ich immer geglaubt hatte, meinen Bruder umgebracht zu haben. Im Unterbewußtsein hatte ich mich an seinem Tod schuldig gefühlt. Daraus entstand die Angst, daß ich jeden Mann umbringen würde, der mir nähertrat. Und dann passierte es auch noch, daß der erste Junge, mit dem ich mich je getroffen hatte, bei einem Unfall ums Leben kam. Ich war eine gefährliche Person!

Dreiundzwanzig Jahre war ich alt, als ich diese verdrehten Schuldgefühle endlich zum Herrn bringen konnte und befreit wurde. Nun wurde mir auch bewußt, daß Gott für mich als Frau einen Plan in dieser Welt hatte, einen Plan, den kein Mann jemals ausfüllen könnte. Weder mein Zwillingsbruder noch ich – wäre ich ein Mann gewesen – hätte ihn ausfüllen können. Gott wollte mich haben, und er wollte mich als Frau. Deshalb hatte er mich so geschaffen, wie ich war, und mir das Leben erhalten. Mit meinem Zwillingsbruder hatte er etwas anderes vorgehabt.

Nicht wenige Eltern haben sich einen Jungen gewünscht, aber es wurde ein Mädchen geboren. Vielleicht war es auch umgekehrt: Sie wünschten sich ein Mädchen, und es kam ein Junge. Und so wünscht sich manche Frau im stillen noch immer, ein Mann zu sein, weil sie als Kind gespürt hat, daß sie die Erwartungen ihrer Eltern nicht erfüllt hat. Und umgekehrt meint mancher Mann, daß es für ihn besser sei, wenn er eine Frau wäre. Es ist wichtig, sich bei seiner inneren Bestandsaufnahme auch über diese Fragen klarzuwerden: Habe ich mich selbst angenommen, so wie ich bin, wie Gott mich gemacht hat? Habe ich mein Geschlecht angenommen? Oder lehne ich ab, was Gott gemacht hat?

Wieder möchte ich den Leser bitten, seine Antworten auf diese und auf die folgenden Fragen niederzuschreiben: Was hat man dir gesagt, daß du dich so fühlst? Was hat man dir über Frauen erzählt, daß du denkst, es wäre für dich besser, ein Mann zu sein? Was hat man dir über Männer gesagt, daß du meinst, du solltest lieber eine Frau sein? Wie bist du behandelt worden, daß du dich so fühlst? Wenn du dich daran erinnern kannst, dann schreib genau die Worte auf, die damals gesprochen wurden.

Wir können nicht in unsere Vergangenheit zurückgehen und die Dinge ändern, die geschehen sind. Niemand kann zurückgehen und die Worte auslöschen, die einmal gesagt worden sind. Aber Jesus kann in die Vergangenheit zurückwirken und den Schmerz tragen, den diese Worte verursacht haben. Er ging nicht zurück, um mich sterben zu lassen und meinen Zwillingsbruder aufzuerwecken. Aber er nahm den Schmerz auf sich, den die Worte verursacht hatten, die ich gehört hatte. Er nahm meine Schuldgefühle auf sich und machte mich frei. Heute freue ich mich daran, daß ich eine Frau bin. Ich bin glücklich verheiratet und Mutter von zwei inzwischen erwachsenen Kindern.

Der Lebensbeginn

Vielleicht meint jemand, daß sein ganzes Leben nur Folge einer Sünde ist. So jedenfalls dachte José, ein junger Mann, der sich im Bibelseminar auf den Gemeindedienst vorbereitete. Seine Mutter war unverheiratet gewesen und erst achtzehn Jahre alt, als er geboren wurde. Zwei Wochen später hatte sie ihn bei seinen Großeltern zurückgelassen und war nach Bogotá verschwunden.

Für seine Großeltern war José nichts als ein weiterer Mund gewesen, den sie füttern mußten. Er aß zuviel und brauchte zuviel Kleidung. José fühlte, daß er kein Recht hatte zu leben, weil sein Ursprung auf Sünde zurückzuführen war. Er meinte, daß auch Gott ihn nicht gewollt hatte.

Nun war José erwachsen und studierte bei uns am Bibelseminar. Wenn er in der Öffentlichkeit sprechen mußte, kleidete er sich stets sehr korrekt, mit Anzug, Weste und Krawatte. Er hatte nur wenig Geld, aber er konnte nicht predigen, ohne so elegant wie möglich angezogen zu sein, obwohl das seine finanziellen Möglichkeiten eigentlich weit überstieg. Doch nur so fühlte er sich wertvoll genug, um vor den Leuten zu stehen. Mit diesem Auftreten glich er seine Minderwertigkeitsgefühle aus.

Als ich im Unterricht darüber gesprochen hatte, wie Gott seelische Verletzungen heilt, kam José zu mir, um mit mir über seine Vergangenheit zu sprechen. Während wir beteten, fühlte ich mich so geleitet, besonders wegen jenes Augenblicks zu beten, in dem er gezeugt worden war.

Ja, seine Eltern hatten, ohne verheiratet zu sein, sexuelle Gemeinschaft gehabt, und das war Sünde gewesen. Wir konnten das nicht leugnen. Aber Gott hatte gewollt, daß damals Joses Leben anfing und hatte ihn davor bewahrt, es durch eine Abtreibung oder bei seiner Geburt zu verlieren. Gott hatte während Josés ganzer Kindheit über ihm gewacht und sein Leben bis zu diesem Tag erhalten, weil er mit José etwas vorhatte, was nur José ausführen konnte. Natürlich hatte Gott die Sünde nicht gewollt, aber José hatte er gewollt. Ich bat Jesus besonders darum, die Sünde von Josés Eltern auf sich zu nehmen.

Als wir unsere Gebetszeit beendet hatten, rief José aus: „Zum ersten Mal in meinem Leben spüre ich, daß ich ein Recht habe, zu existieren. Gott hätte mich durch eine Fehlgeburt sterben lassen oder mich gar nicht erst entstehen lassen können, wenn er mich nicht gewollt hätte. Ich lebe, weil Gott etwas mit mir vorhat!"

Gott hat für jeden einen Plan – auch für den, der bisher vielleicht meinte, er habe kein Recht zu leben. Wieder möchte ich meine Leser bitten: Laß dir diese Wahrheit bewußt werden und schreibe auf, was du fühlst.

Heilung des sexuellen Lebens

Viele Menschen brauchen Heilung ihrer Sexualität. Wie viele Frauen sind in ihrer Kindheit sexuell belästigt oder sogar vergewaltigt worden und leiden seitdem unter dem Gefühl, schmutzig und wertlos zu sein. Wie viele Männer sind als Kinder Opfer von homosexuellen Praktiken oder anderen unguten Beziehungen geworden! Ihre gesamte Vorstellung von sexuellen Beziehungen ist dadurch beeinträchtigt. Manche Männer sehen Frauen nur als Objekte an, die man sich unterwerfen und gebrauchen muß. Jesus kam, um all diese Verletzungen und verkehrten gefühlsmäßigen Prägungen zu tragen und ans Kreuz zu bringen.

Marias Geschichte zeigt, was Gott im Leben eines zutiefst verletzten Menschen tun kann. Wenn Gott Maria heilen konnte, dann gibt es keinen hoffnungslosen Fall mehr.

Maria war Studentin. Sie hatte sechs Monate, bevor ich sie kennenlernte, Jesus als ihren Herrn angenommen, aber sie hatte keinen inneren Frieden. Schließlich fragte mich eine ihrer Freundinnen, ob ich nicht mit ihr sprechen könne.

Als ich Maria wenig später bei mir begrüßte, war ihr Gesicht auffallend blaß, es spiegelte so viel innere Zerrissenheit und Schmerz, daß ich mich fragte, was ihr wohl zugestoßen sein mochte.

Maria war voller Haß gegen ihren Vater. Von ihrem dritten Lebensjahr an hatte er sie regelmäßig vergewaltigt. Wenn ihre Mutter sie morgens mit einer Tasse Kaffee ans Bett des Vaters schickte, machte er die Schlafzimmertür zu und mißbrauchte sie.

Als sie elf Jahre alt wurde, ließ ihr Vater sie in Ruhe, aber dann fingen ihr Großvater, ein Onkel und zwei Brüder an, sie zu belästigen. Um sich an ihrem Vater zu rächen, fing sie mehrere Verhältnisse mit Jungen an. Als sie ihren dritten Freund hatte, wurde sie schwanger und ließ eine Abtreibung vornehmen. Und nun hatte sie ihren vierten Freund.

Maria war böse auf jeden. Ihren Vater hätte sie am liebsten umgebracht. Auch auf ihre Mutter war sie wütend, denn Maria hatte versucht, ihr zu sagen, was der Vater ihr antat. Aber die Mutter hatte ihr bloß gesagt, sie lüge und sie habe eine schmutzige Fantasie. Maria hatte Selbstmordgedanken. Sie war böse auf sich und die ganze Welt.

Über eine halbe Stunde saß Maria in meinem Zimmer und packte all den Schrecken aus, den sie durchlebt hatte. Sie tobte vor Zorn.

Was sollte ich ihr sagen? Ich konnte ihr nur bestätigen, daß sie recht hatte mit dem, was sie fühlte. Sie hatte recht, daß sie ihren Vater haßte und ihren Großvater, ihre Brüder und ihren Onkel, die sie belästigt hatten, und die Nachbarn, die mitbekommen hatten, daß mit ihr etwas nicht stimmte und dann schlecht über sie geredet hatten. Ihr Vater hatte sie gar als Prostituierte beschimpft und ihr verboten, aus dem Haus zu gehen.

Ich konnte nur sagen: „Du hast recht. Wenn du deinen Vater umbringen und Selbstmord begehen willst, dann hast du vollkommen recht. Laß all den Zorn und Haß heraus, den du fühlst."

Ihr dabei zu helfen, ihre ganze Erbitterung auszudrücken, war zunächst alles, was ich für sie tun konnte. Es schien mir, als ob das ganze Zimmer so mit Haß und Zorn erfüllt sei, daß ich kaum noch atmen konnte.

Als sich das Mädchen schließlich etwas beruhigt hatte, sagte ich zu ihr: „Maria, du hast doch dein ganzes Leben Jesus gegeben, nicht wahr?"

„Ja."

„Ich möchte jetzt Gott bitten, dir deine geistlichen Augen zu öffnen, damit du sehen kannst, daß Jesus hier bei uns ist. Versuche, ihn mit deinen inneren Augen wahrzunehmen."

„Ja, er ist hier bei mir. Ich kann ihn mit meinen inneren Augen erkennen", antwortete Maria.

„Nun laß uns folgendes machen", fuhr ich fort. „Laß uns im Geiste einen großen Sack nehmen und alles hineinwerfen, eines nach dem anderen, was dein Vater dir angetan hat, bis hin zu der letzten Sache, von der du mir erzählt hast. Wirf deinen Schmerz hinein, deinen Haß. Wirf die Erinnerung an deinen Vater hinein. Sage Jesus, daß du alles in seinen Sack wirfst."

„Jesus", betete Maria, „ich werfe meinen Vater mit dem Kopf zuerst in deinen Sack hinein. Ich werfe alles hinein, was er mir angetan hat. Ich werfe meine Wut und meinen Haß hinein. Ich werde mit diesem Haß und mit dem Schmerz nicht mehr fertig. Ich werfe alles hinein, was mein Großvater, mein Onkel und meine Brüder mir angetan haben. Ich hasse sie! Ich werfe diesen Haß in deinen Sack, meine Entwürdigung und meine besudelten Gefühle." Immer mehr warf Maria in ihrer Vorstellung in jenen Sack.

„Ist jetzt noch irgend etwas in deiner Erinnerung, das in den Sack geworfen werden muß?" fragte ich sie, nachdem sie eine Weile still geblieben war.

„Nein, ich kann mich an nichts weiteres erinnern", antwortete sie.

„Dann laß uns diesen Sack im Namen Jesu zubinden", sagte ich zu Maria. Und dann betete ich: „Jesus, in deinem Namen schließen wir diesen Sack. Bedecke ihn mit deinem Blut. Versiegle ihn mit dem Abdruck deiner von Nägeln durchbohrten Hände, damit er niemals wieder geöffnet werden kann."

„Maria, laß uns jetzt zusammen diesen Sack nehmen und ihn auf Jesu Schultern heben. Kannst du sehen, wie Jesus diesen Sack auf seinen Schultern zum Kreuz trägt? Der Sack ist groß und schwer, aber Jesus kann ihn tragen. Und jetzt ist Jesus da am Kreuz, beladen mit deinem Sack. Um das zu sühnen, was dein Vater dir angetan hat, mußte Jesus am Kreuz sterben, es kostete ihn sein Leben. Weil Jesus dafür stirbt, deshalb fällt dieser Sack nun zurück in die Hölle, woher er gekommen ist, und da verbrennt er. Aber Jesus ist nicht tot geblieben. Er ist auferstanden und er kommt zu dir, Maria. Schau Jesus tief in die Augen. Sage ihm, daß du diesen Raum in dir, der so voll Schmerz war, für seine Liebe und seine Vergebung öffnest, für sein Erbarmen, seinen Frieden und seine Rechtfertigung. Bitte ihn, daß er dich innerlich so neu macht, als wäre all das Schlimme und Gemeine nie geschehen. Sieh, wie Jesus diesen Raum in dir ausfüllt, bis er ganz voll ist."

„Jesus", betete Maria, „ich öffne diesen Raum in mir, der so mit Schmerz angefüllt war. Bitte füll ihn mit deinem Licht, deiner Liebe, deinem Frieden, deiner Vergebung und deiner Rechtfertigung. Mach mich so, als wäre nie etwas von all dem Bösen geschehen."

„Nun sieh in dich hinein, Maria. Kannst du erkennen, wie Jesus all dies in dich hineinfließen läßt?"

„Ja, er gießt all dies in mich hinein", antwortete Maria.

„Dann sag mir, wenn du ganz angefüllt bist und anfängst, überzufließen."

Nach einer ganzen Weile sagte Maria schließlich: „Nun ist dieser Raum voll und fließt über."

„Dann nimm jetzt die Vergebung Jesu, die er in dich hineinfließen läßt, und gib sie an deinen Vater weiter. Sag dem Erinnerungsbild von deinem Vater die Wahrheit. Sag ihm: ‚Vater, ich kann dir niemals vergeben, was du mir getan hast. Ich kann dich nur hassen. Aber Jesus hat meinen Haß, meinen Schmerz und meine Demütigung ans Kreuz getragen. Ich nehme jetzt die Vergebung, die Jesus in mich hineingegossen hat, und gebe sie dir weiter. Vater, mit der Vergebung Jesu will ich dir jetzt vergeben'."

Gleich in jener Woche mußte Maria nach Hause fahren. Sie würde dort wieder ihrem Vater begegnen, und sie hatte große Angst davor. Sie wußte nicht, was sie fühlen oder wie sie reagieren würde, wenn sie ihn sah.

„Müh dich nicht ab, deinen Vater zu lieben", sagte ich. „Dein Vater hat dich nie geliebt. Deshalb hast du keine Liebe, die du ihm entgegenbringen kannst. Sag nur die Wahrheit. Sag zu deinem Vater, so wie du ihn jetzt innerlich vor dir siehst: ‚Vater, ich kann dich nicht lieben, aber ich öffne mich Jesus gegenüber, damit er mir seine Gefühle geben kann. Was für Gefühle er mir auch gibt, will ich dir weitergeben'." Maria tat das, aber noch immer war ihre Angst nicht besiegt.

„Sieh, Maria", sagte ich ihr schließlich. „Du hast deinen Vater und all deine Gefühle ihm gegenüber Jesus gegeben. Es ist nun Jesu Sache, was du deinem Vater gegenüber fühlst. Du brauchst nicht deine eigenen Gefühle zu bekneten, damit sie so etwas wie Liebe zu deinem Vater hervorbringen. Wenn Jesus dir nichts gibt, das du deinem Vater gegenüber fühlen kannst, dann fühlst du eben nichts. Wenn er dir gleichgültige Gefühle gibt, dann fühlst du dich gleichgültig. Öffne dich nur für Jesus und laß ihn durch dich hindurch fühlen. Dann ist das ganz allein sein Problem. Geh ganz ruhig nach Hause in dem Bewußtsein, daß dann, wenn du es brauchst, Jesus seine Gefühle in dich hineinlegen wird."

Trotz allem hatte Maria noch immer Angst vor der Begegnung mit ihrem Vater. Zwei Wochen später war sie zurück. Als sie zur Tür hereinkam, erkannte ich sie fast nicht wieder. Ihr Gesicht hatte sich so verändert, daß ich einige Augenblicke brauchte, um sie zu erkennen.

„Ich kann nicht sagen, daß ich meinen Vater liebe", erzählte sie. „Aber zum ersten Mal in meinem Leben habe ich ihn als Menschen behandeln können und nicht als ein Tier."

Nun mußten wir über die seelischen Verletzungen sprechen, die durch ihre Mutter verursacht worden waren. Maria warf alles, was ihre Mutter ihr angetan hatte, in jenen „Sack" Jesu, genauso, wie sie es im Blick auf ihren Vater getan hatte. Später machten wir das selbe in bezug auf ihren Großvater, ihre Brüder, den Onkel, die Nachbarn, Schulkameraden und Freunde. Bei jedem Mal „sah"

Maria, wie Jesus den Sack mit all den verletzenden Handlungen und Worten ans Kreuz brachte.

Wenn sie nicht vergeben konnte, sagte Maria das: „Ich kann nicht vergeben. In mir ist keine Vergebung, mit der ich vergeben könnte, was du mir getan hast. Aber ich öffne mich Jesus gegenüber, um seine Vergebung zu empfangen, und diese Vergebung gebe ich an dich weiter." So gingen wir den Weg durch ihr ganzes Leben, und Maria vergab einem jeden mit der Vergebung Jesu.

Ich hatte Maria nicht nahegelegt, mit ihrem Vater über ihre Vergangenheit zu sprechen. Sie kam von alleine darauf. Ein halbes Jahr war vergangen. Da kam sie eines Tages zu mir und sagte: „Weißt du was? Vorige Woche habe ich mit meinem Vater gesprochen. Ich hatte ihn immer wie ein Tier behandelt, und ich bat ihn um Verzeihung dafür. Da sah mein Vater mich an und sagte: ‚Maria, vergib mir, was ich dir angetan habe'.

Und dann sagte er weiter: ‚Maria, du bist so anders geworden. Was ist mit dir geschehen?' – ‚Jesus ist in mein Leben gekommen und hat mich verändert', antwortete ich ihm. ‚Wie kann Jesus auch in mein Leben kommen und mich verändern?' fragte er da."

Maria war sich nicht sicher gewesen, was sie sagen sollte, und kam, um mich danach zu fragen. Sie kehrte nach Hause zurück, um ihrem Vater zu sagen, wie er ein Christ werden könne, aber er hatte die Familie einen Tag vor ihrer Rückkehr verlassen. Wir beten noch immer darum, daß er eines Tages Jesus als seinen Erlöser annimmt.

Ein Jahr nach Marias erstem Besuch bei mir machten wir uns bereit für einen einjährigen Heimataufenthalt. Fast alle unsere Sachen waren schon gepackt, als Maria uns besuchte. Wir saßen nebeneinander auf dem Sofa – das war der einzige Platz im Haus, wo man noch sitzen konnte.

„Ich bin nur gekommen, um euch zu sagen, daß ich hundertprozentig verändert bin", sagte sie zu mir. „Diese Frau, die du jetzt siehst, ist nicht mehr diesselbe wie die, die du vor einem Jahr kennengelernt hast."

Sie lud uns zu ihrer Taufe ein. Zusammen mit ihrer Schwägerin und zwei Neffen, die sie alle drei zu Jesus geführt hatte, sollte sie getauft werden.

Als wir dann Maria vor ihrer Taufe vor der Kirche stehen sahen, strahlend und glücklich, erinnerte ich mich noch einmal an das Mädchen, das ein Jahr zuvor in mein Zimmer gekommen war mit blassem, verkrampftem, von Zorn und Haß gezeichnetem Gesicht. Ich dachte bei mir: „Das ist das größte Wunder, das ich je gesehen habe. Wenn Gott dieses Mädchen heilen konnte, dann kann er jeden heilen.“

Das unerwünschte Kind

Manche Menschen wissen, daß sie ein unerwünschtes Kind waren. Vielleicht hatten ihre Eltern schon mehrere Kinder und wollten nun nicht noch eins haben. Möglicherweise war auch ein weiteres Kind einfach nicht geplant, einerlei, wie groß oder klein die Familie war, und deshalb haben sie diesem Kind, als es doch zur Welt kam, dann nicht die Liebe gegeben, die es gebraucht hätte. Bei Karin war das so gewesen.

Karin

Karin kam von weit her zu uns gereist, um über ihr Leben zu sprechen. Ihre Eltern hatten zwei Kinder geplant. Sie hatten schon einen Sohn und eine Tochter und wollten nicht noch ein Kind. Doch dann kam Karin als drittes Kind. Später wurde noch ein weiterer Sohn geboren.

Karin war kurz nach Beginn des zweiten Weltkrieges in Deutschland zur Welt gekommen. Ihr Vater war im Krieg, und ihre Mutter mußte in den letzten Kriegsmonaten mehrere Male mit den vier Kindern vor den heranrückenden gegnerischen Truppen fliehen. Auf einer solchen Flucht wurden Karins ältere Schwester und ihr kleiner Bruder schwer krank.

Es war kurz vor Kriegsende, und die Versorgung im Land war sehr schlecht. Als ihre Mutter die beiden Kinder zum Arzt brachte, sagte der ihr, die Krankheit sei lebensbedrohlich, aber er habe nur für ein Kind noch genügend Medikamente. Wenn man sie auf beide Kinder aufteilte, würden beide sterben. „Sie müssen sich entscheiden, welches Kind Sie behalten wollen“, sagte ihr der Arzt.

Die Mutter entschloß sich, die Medikamente ihrem ältesten Kind, Karins Schwester, zu geben. Der kleine Bruder starb, und ihre Mutter hat sich seinen Tod anscheinend niemals verzeihen können. Deshalb mußten nun die beiden Schwestern für den verbliebenen Bruder alles hingeben. Sie mußten später sogar ihre eigene Ausbildung abbrechen und Geld verdienen, damit der Bruder studieren konnte. Vielleicht wollte die Mutter ihre Schuld, die sie empfand, weil sie ihren jüngsten Sohn hatte sterben lassen, wiedergutmachen, indem sie den verbliebenen Sohn mit allem, was sie hatte, überschüttete. Jedenfalls war nichts mehr wichtig, was die Mädchen betraf, und schon gar nicht, was Karin anging.

„Alles machst du falsch!“ wurde ihr immer und immer wieder gesagt. „Zu nichts taugst du etwas. Was du auch nur anfaßt, machst du kaputt!“

Schon als kleines Kind hatte Karin die Aufgabe, die Kartoffeln zu schälen. Wenn die Schalen zu dick wurden, mußte sie zur Strafe die Schalen kochen und dann essen. Sie war Linkshänderin, mußte aber alles mit rechts machen und wurde dann auch noch ständig wegen ihrer Ungeschicklichkeit ausgeschimpft.

Als Karin acht Jahre alt war, lief sie von zu Hause weg. Sie dachte, man würde sie vermissen, und dann würde jemand kommen und nach ihr suchen und sie so spüren lassen, daß sie doch geliebt würde. Aber es kam niemand. Schließlich mußte sie wieder nach Hause zurückgehen, weil sie nicht wußte, wo sie sonst bleiben konnte. Dort schien überhaupt keiner bemerkt zu haben, daß sie so lange Zeit weggewesen war.

Einmal lag die Mutter gerade zu Karins Geburtstag im Krankenhaus. Irgendwie hoffte Karin: „Heute ist mein Geburtstag. Meine Mutter, die mich nicht mag, liegt im Krankenhaus. Aber mein Vater hat bestimmt schöne Geschenke für mich bereit.“ Aber es gab keine Geschenke für sie. Ihr Vater hatte ihren Geburtstag ganz einfach vergessen. Und – was für Karin das Schlimmste war – es tat ihm nicht einmal leid.

Immer wieder versuchte Karin ihrem Vater zu sagen, was sie fühlte. Aber er achtete nicht darauf, denn er war viel zu beschäftigt. Er war Lehrer und brauchte all seine Zeit und seine Aufmerksamkeit für seine Schulkinder. Für seine Tochter hatte er nichts übrig.

Als Karin mir von ihrem Vater erzählte, sagte ich ihr: „Sprich zu dem Erinnerungsbild von deinem Vater. Sag ihm: ‚Vater, es hat mich verletzt, daß du keine Zeit für mich hattest'."

Aber Karins Schmerz war so tief, daß sie diese Worte nicht aussprechen konnte. „Ich habe so oft versucht, mit meinem Vater zu sprechen", stöhnte sie, „und er hat nie zugehört. Warum sollte ich es nochmal versuchen?"

„Dann sag es Jesus. Er wird dir zuhören", sagte ich ihr schließlich.

„Nun gut. Vielleicht hört er mir ja zu", sagte sie zögernd.

„Sag Jesus alles, was sie dir angetan haben. Gib ihm das alles. Du bist viele Male entsetzlich verletzt worden. Gib Jesus all dieses Entsetzen."

Stockend begann Karin zu sprechen: „Jesus, sie haben mich geschlagen. Sie haben mir gesagt, daß ich nichts wert bin. Nun werde ich dir sagen, daß du nichts wert bist. Und werde dich schlagen, wie sie mich geschlagen haben. Genauso, wie sie mich geschlagen haben, schlage ich dich."

Karin fing an, auf den Fußboden zu schlagen. „Jesus, sie haben mich gehaßt, und jetzt hasse ich dich auch. Sie haben mir gesagt, daß ich nichts wert bin. Ich will auch gar nichts mehr wert sein. Ich laufe dir weg, ich renne vor dir weg. Mich kriegt keiner mehr! Ich will nur weit weg sein von dir."

Karin weinte und schrie und schlug weiter den Fußboden. Die Pein vieler Jahre kam ans Licht. Es war schrecklich, all diesen Schmerz mitanzuhören, der sich in ihr angesammelt hatte. Wenn sie die erste gewesen wäre, die ich durch ihren Schmerz hindurch begleiten mußte, dann hätte ich mir wahrscheinlich gewünscht, einfach davonlaufen zu können.

Über eine halbe Stunde lang schrie Karin ihren Schmerz hinaus. Dann wurde sie plötzlich still. „Jesus", sagte sie, „ich habe dir alles das angetan, was sie mit mir gemacht haben, und du bist nicht weggegangen. Kann ich nichts tun, was so schlimm ist, daß du weggehst und mich verläßt?"

Plötzlich fing sie wieder an zu weinen. „Du hast dir alles gefallen lassen, was ich dir getan habe, Jesus, und doch stehst du immer noch vor mir mit Augen voller Liebe. O Jesus, zum ersten Mal in meinem Leben fühle ich, daß du mich liebst."

In den folgenden Tagen und Wochen ging Karin durch all die Verletzungen, die ihre Mutter, ihre Geschwister und andere Menschen ihr in der Vergangenheit zugefügt hatten. Sie gab alles Jesus, damit er es ans Kreuz tragen konnte. Ihr Leben begann, sich radikal zu verändern.

Es mag sein, daß mancher, der dies liest, selbst ein unerwünschtes Kind war. Dann möchte ich fragen: Ist das der Grund, weshalb du dich so wertlos und überflüssig fühlst? Sieh der Wahrheit ins Auge und schreibe auf, was dir klar wird. Jesus hat versprochen, daß die Wahrheit dich frei machen wird.

Sich die Wahrheit einzugestehen und sie auszusprechen, scheint einfach zu sein. Doch es kann eine Reihe großer Hindernisse geben, die das erschwert. Im nächsten Kapitel wollen wir sie uns näher ansehen.

Kapitel 6: Angst vor der Wahrheit

Über unsere tiefsten Gefühle zu sprechen, ist schwer. Wenn wir sagen, was in Wahrheit in uns ist, öffnen wir Bereiche unseres innersten Wesens, und das halten wir lieber vor anderen – und oft sogar vor uns selbst – verborgen. Wir haben das Gefühl, uns bloßzustellen und verletzlich zu machen, wenn wir darüber sprechen. In diesem Kapitel wollen wir über einige Hindernisse sprechen, die uns davon abhalten, die Wahrheit über uns selbst und unsere Gefühle auszusprechen.

Angst, andere zu beschuldigen

Vielleicht spricht jemand deshalb nicht über seine Gefühle und seine seelischen Verletzungen, weil er Angst hat, er könne dadurch andere und besonders seine Eltern beschuldigen. Aber die Wahrheit zu sagen bedeutet nicht, seine Eltern oder irgendwen sonst zu beschuldigen. Zudem sind auch sie von ihren eigenen Eltern innerlich verletzt worden und die wiederum von ihren Eltern und so weiter.

Wem hätte zum Beispiel angelastet werden sollen, daß ich wegen meines Zwillingsbruders Schuldgefühle entwickelte? Meinen Eltern? Es war nicht ihr Fehler, daß mein Bruder bei der Geburt starb. Meinen Geschwistern? Sie wußten nicht, was sie taten. Meine Schwester erzählte mir mit aufrichtiger Liebe von meiner Geburt. Sie konnte überhaupt nicht ermessen, was in mir angerichtet wurde. War ich selbst schuldig? Natürlich nicht.

Die Wahrheit über unsere Gefühle auszusprechen bedeutet nicht, jemanden zu beschuldigen. Es geht nur darum, die Wahrheit zu sagen, wie man selbst sie erlebt und wahrgenommen hat.

Angenommen, ich sitze in meinem Arbeitszimmer und beschreibe, was ich vor mir habe: „Ich sehe ein großes Fenster mit weißen Gardinen und braunen Vorhängen. Davor steht ein braunes Sofa."

Wer im selben Zimmer mir gegenübersitzt, sagt vielleicht: „Ich sehe aber eine mit Holz verkleidete Wand und einen grünen Stuhl davor."

Ich könnte erwidern: „Wie kannst du dieses braune Sofa einen grünen Stuhl nennen? Und diese Vorhänge sind doch wohl keine Holzpaneele!"

Der andere wird vielleicht entgegnen: „Kannst du nicht richtig sehen? Dieser Stuhl ist nicht so groß, daß man ihn ein Sofa nennen könnte. Und die Paneele gehen auch nicht über ein Fenster."

Ich könnte nun denken, daß mit meinem Gegenüber irgend etwas nicht ganz stimmt. Und wir könnten den ganzen Tag damit verbringen, uns gegenseitig als Lügner zu bezeichnen oder zu versuchen, die Begriffe „Stuhl" und „Sofa" zu erklären. Aber wenn einer von uns beiden seine Überzeugung änderte, würde er nicht mehr die Wahrheit sagen, weil wir beide von unserem Gesichtspunkt aus die Wahrheit gesagt hatten.

Wenn du die Wahrheit über deine seelischen Verletzungen aussprichst, dann erzählst du, was du von deinem Gesichtspunkt aus gefühlt und wahrgenommen hast und nicht, was deine Eltern gefühlt und wahrgenommen haben. Wenn ich mit deinen Eltern spräche, würde mir deine Mutter eine weitere Wahrheit sagen und dein Vater noch eine andere. Beide würden sich von deiner Wahrheit unterscheiden, weil die Geschichte jedesmal von einem anderen Gesichtspunkt aus erzählt würde. Wir hätten dann drei verschiedene Geschichten. Aber jeder hat die Wahrheit gesagt.

Deshalb mußt du deine Wahrheit sagen, denn es ist deine Wahrheit, die dich frei machen kann. Die Wahrheit deines Vaters kann nur ihn und die deiner Mutter nur sie frei machen. Dich kann nur deine Wahrheit frei machen.

Angst vor dem Unbekannten

Auch Angst vor dem Unbekannten kann einen hindern, sich der Wahrheit zu stellen. So mag jemand denken: „Wenn ich erst einmal anfange, die Wahrheit über meine Gefühle auszusprechen, was wird dann am Ende noch alles in mir aufbrechen?"

Als Karin geheilt worden war, erzählte sie, wie sie lange Zeit vorher einmal einem Psychologen etwas aus ihrem Leben erzählt hatte. „Es war, als ob ich ein kleines Fenster in mein Leben hinein geöffnet hätte. Da sah ich so dunkle, schreckliche Dinge, daß ich das Fenster schnell wieder zugeschlagen habe. Ich habe ihm nichts mehr erzählt. – Ich hatte immer die Vorstellung, als lebte ich in einem großen Haus, bei dem alle Fenster und Türen verschlossen waren. Es war schrecklich dunkel darin. Aber nun sehe ich ein neues Haus vor mir mit hellen Fenstern und offenen Türen. Die Sonne scheint hinein, und der Wind bauscht die Vorhänge. Unsere Kinder spielen darin. Und das Beste von allem: Jesus ist da."

Wenn wir anfangen, die Wahrheit auszusprechen, wissen wir natürlich nicht, was wir alles an Verborgenem finden werden. Die Wahrheit auszusprechen, kann sehr weh tun. Jene Ereignisse haben geschmerzt, als wir sie erlebten, und es schmerzt auch, wenn wir nun alles noch einmal durchleben. Aber dieses Mal werden wir dabei frei.

Es genügt allerdings nicht, nur zu erzählen, was geschehen ist. Man muß die Dinge noch einmal innerlich durchleben, noch einmal den Schmerz von damals fühlen. Selbst wenn jemand bitterlich weint über das, was geschehen ist, ändert sich nichts, solange er nicht den ursprünglichen Schmerz hinausweint, den er damals gefühlt hat.

Um das zu tun, muß er herauslassen, was er gefühlt hat, als er die seelischen Verletzungen erlitt. Welche Gefühle waren damals da? Genau diese Gefühle sind es, die wir jetzt fürchten, denn es hat so furchtbar weh getan, als wir jene Dinge erlebten. Aber wir müssen diesen Schmerz wieder empfinden, wenn wir befreit werden wollen.

Fast immer, wenn jemand mitten im Heilungsprozeß steht und ein schmerzhaftes Erlebnis nach dem anderen von neuem durchlebt, schreit er auf: „Geht das denn nie zu Ende? Muß ich mich jetzt mein ganzes Leben lang so herumquälen?"

Aber dieser Heilungsprozeß wird nicht ewig andauern. Er hat ein Ende, auch wenn es scheint, als ob er nie enden werde. Natürlich muß mancher zwanzig oder vierzig Jahre gedanklich durchschreiten, je nachdem, wie alt er ist. Aber es kommt zu einem Ende. Es dauert nicht ewig, denn niemand hat ja ewig gelebt.

Karin sagte schließlich: „Ich bin auf einer langen, dunklen Reise durch mein Leben gewesen. Aber nun endlich bin ich nach Hause gekommen."

Die Vorstellung von Gott

Ein weiteres Hindernis, die Wahrheit auszusprechen, kann unsere Vorstellung von Gott sein. Wieder frage ich direkt: Wer ist Gott für dich? Ich meine nicht den Gott, wie du ihn verstandesmäßig erfaßt, über den du in Predigten und Bibelstunden gehört hast. Ich meine den Gott in deinem Herzen, in deinem Gefühl, denn die gefühlsmäßige Vorstellung von Gott wird nicht in erster Linie von biblischen Aussagen geprägt.

Wie war dein Vater? War er sehr streng, schimpfte er immer gleich los und bestrafte dich oft? Wie war deine Mutter? War sie für dich da? Es ist sehr interessant, daß unsere Vorstellung von Gott, unser gefühlsmäßiges Bild von ihm, sehr stark dem Bild gleicht, das wir von unseren irdischen Eltern haben.

Sigmund Freud, der „Vater der Psychoanalyse", sagte, daß Gott eine bloße Projektion der Erfahrungen und des Bildes sei, das wir von unserem Vater haben. Freud entdeckte einen wichtigen Sachverhalt, wenn er ihn auch in seiner atheistischen Denkweise wiedergab, die nur das Diesseitige anerkennen wollte.

Denn es stimmt, daß unsere Vorstellungen von Gott durch unsere Erfahrungen mit unseren Eltern geprägt werden. Aber Gott ist deshalb nicht nur eine Projektion, eine Vorstellung, wie Sigmund Freud meinte. Gott lebt trotz – und nicht wegen – unserer Vorstellungen von ihm.

Erik Erikson, den ich am Beginn dieses Buches schon einmal anführte, geht noch einen Schritt weiter, wenn er erklärt, wie unsere Vorstellungen von Gott entstehen. In Kapitel drei habe ich schon beschrieben, wie das Neugeborene, wenn es im Arm seiner Mutter liegt, wie in einen Spiegel in ihr Gesicht schaut, das sich über es beugt. Erikson glaubt, daß durch diese Erfahrung – die jeder Mensch machen muß, um überleben zu können – das unerschütterliche Wissen entsteht, daß es ein höheres Wesen gibt, das uns auch dann sieht, wenn wir allein sind. Wenn die Atheisten nicht tief in sich dieses Wissen hätten, dann gäbe es für sie keinen Gott, dessen Existenz sie leugnen könnten.

Und weil das Baby die Stimme des Vaters hört, die es ruft – so führt Erikson weiter aus –, weiß jeder Mensch, daß dieses höhere Wesen ihn ruft und daß er es verstehen kann.

Die angesammelten Erfahrungen mit unseren Eltern, das, was wir von ihnen gesehen und gehört und erlebt haben, prägen unsere gefühlsmäßigen Grundvorstellungen von Gott.

Gott sagt von sich, daß er wie ein Vater ist, der uns beschützt, der stark und mächtig ist und retten kann. Er sagt ebenso, daß er wie eine Mutter ist, die ihr Kind, das sie versorgt, nicht vergessen kann, die es tröstet, es in ihren Armen hält und auf ihrem Schoß wiegt (Jesaja 49,15; 66,12.13). Viel zu oft vergessen wir, daß Gott auch das Bild einer zärtlichen Mutter gebraucht, um sich selbst zu beschreiben. Aber wir sehnen uns danach, Gott so zu erfahren, in sein Gesicht zu schauen, das sich über uns beugt. David brachte das in einem Psalm so zum Ausdruck: „Herr, laß leuchten über uns das Licht deines Antlitzes" (Psalm 4,7).

Als Gott die Begriffe wählte, mit denen er uns sein Wesen beschreiben wollte, hatte er unseren gesamten Wortschatz zur Verfügung. Er hätte uns auch sagen können, er sei wie ein Baum. Ein Baum ist sehr schön. Wenn es heiß ist, spendet er Schatten. Wenn es kalt ist, können wir mit dem Holz des Baumes Feuer machen, um uns zu wärmen. Vom Baum kommt das Holz, aus dem man ein Haus bauen kann, das Schutz vor Regen und Wind bietet. Die Früchte des Baumes können wir essen. Aber ein Baum kann nicht zu unserem Freund werden. Ich erwarte von Gott viel mehr, als ich von einem Baum erwarten kann.

Gott hätte auch das Wort „Hund" aussuchen können, um uns eine Vorstellung davon zu geben, wie er ist. Es tut gut, einen Hund bei sich zu haben, wenn man sich einsam fühlt. Ein guter Hund schützt seinen Herrn. Aber ein Hund ist auch schmutzig. Ich fände es nicht gut, einen Gott zu haben, der wie ein Hund ist!

Gott hatte unseren gesamten Wortschatz zur Verfügung, um uns zu sagen, wie er ist. Er wählte die Worte „Vater" und „Mutter", weil diese Worte ihn besser beschreiben als alle anderen Ausdrücke.

Als die Menschen noch ohne Sünde im Paradies lebten, müssen diese Begriffe Gottes Wesen umfassend beschrieben haben. Ein Kind hätte die zärtliche Liebe und den Schutz, die Leitung und Korrektur durch seine Eltern erlebt und daran erkannt, wie Gott ist. Aber die Menschen fielen in Sünde, und seither ist kein Vater und keine Mutter auf dieser Welt mehr vollkommen.

Nur prägen Vater und Mutter (die leiblichen Eltern oder wer die Elternstelle vertritt) noch immer im Kind das Bild von Gott. Der Vater ist normalerweise der Stärkste in seiner Welt. Die Mutter sagt: „Warte, bis der Vater nach Hause kommt, er ist stärker. Ich kann dir das nicht hochheben (oder öffnen).“ In den Augen des Kindes kann der Vater alles. Die Mutter ist für das Kind normalerweise diejenige, die am sanftesten mit ihm umgeht und am meisten für es sorgt. Ein Kind bildet seine ersten Vorstellungen von Gott anhand der Erfahrungen, die es mit seinen Eltern macht.

Nun sind wir aber nicht mehr im Paradies, und deshalb geben die Väter und Mütter kein zutreffendes Bild mehr von Gott ab. Aber noch immer wird in Kindern ihre Vorstellung von Gott durch ihre Erfahrungen mit ihrem Vater geprägt, und von dem, was ihnen ihre Mütter von ihren Vätern erzählen, von ihren Müttern und dem, was ihre Väter über ihre Mütter sagen. Diese Erfahrungen zeichnen in uns das geistige und gefühlsmäßige Bild davon, wie Gott ist und handelt und was man von ihm erwarten kann. So hat Gott bei jedem eine Kombination aus den Vorzügen und Fehlern seiner Mutter und seines Vaters. Und durch diese Vorstellung wird alles das gleichsam gefiltert, was er mit Gott erlebt.

Ich erinnere mich noch gut daran, wie Gott mir diesen Zusammenhang klarmachte, als er mir zeigte, daß ich zu ihm genauso sprach, wie meine Mutter früher zu meinem Vater gesprochen hatte.

Ich wurde in eine sehr gesunde christliche Familie hineingeboren. Wir Kinder wurden alle in den Armen unserer Eltern zur Kirche gebracht. Ihr größter Wunsch war es, zu erleben, wie ihre Kinder dem Herrn nachfolgten. Und nun, wo wir erwachsen sind, dienen wir Kinder auf unterschiedliche Weise alle dem Herrn.

Meine Mutter kam aus einer Familie, in der es seit Generationen Pastoren, Missionare, Musiker und Lehrer gegeben hatte. In gewissem Maße fühlte sie sich ihren zehn Geschwistern immer unterlegen, weil sie meinte, sie könne nicht so gut singen wie die anderen, und weil sie auch keine Lehrerin war. Sie war „nur" eine Künstlerin, was in ihren Augen längst nicht so gut und wertvoll war wie Singen und Unterrichten.

Mein Vater kam aus einer sehr erdverbundenen Familie von Generationen von Landwirten. Die einzigen Bücher, die er las, waren die Bibel und einige Auslegungen dazu. Er wollte seinen Hof genauso führen, wie sein Vater und sein Großvater es getan hatten, und ließ sich erst in seinen späteren Lebensjahren auf Änderungen ein. Meine Mutter dagegen wollte nach den neuesten wissenschaftlichen Erkenntnissen über Landwirtschaft und Gartenbau arbeiten.

Meine Mutter konnte meinen Vater nie ganz so akzeptieren, wie er war. In ihrer Angst davor, als nicht ganz auf der Höhe angesehen zu werden, versuchte sie, ihn dazu anzutreiben, ihre hohen Erwartungen zu erfüllen. Ständig lag sie ihm in den Ohren: „Du solltest jetzt das und das tun. Und dann vergiß nicht dieses ... Bist du sicher, daß du jenes ..." Und so weiter und so fort.

Ich war schon dabei, mich auf meine Ausreise als Missionarin nach Südamerika vorzubereiten, als Gott mich eines Tages bei meinem Gebet unterbrach und mir sagte: „Du sprichst mit mir genauso, wie deine Mutter zu deinem Vater gesprochen hat."

Ich konnte nicht fassen, was ich hörte. Vor lauter Scham hätte ich am liebsten meinen Kopf unter dem Kissen versteckt. Ich hatte nie gemocht, wie meine Mutter mit meinem Vater redete. Es gab viele gute Eigenschaften, die ich von meiner Mutter übernehmen wollte, aber bestimmt nicht das.

Dann hörte ich, wie Gott mich fragte: „Arline, dachtest du, daß ich das nicht schon längst wußte? Ich habe nur darauf gewartet, daß du selbst es auch merkst und diese Wahrheit akzeptierst, damit ich etwas daran ändern kann."

Und dann zeigte Gott mir, wie ich gebetet hatte. Mehr oder weniger wiederholte ich immer wieder: „Bitte Herr, tu dies und tu das. Bitte, laß dies oder das nicht geschehen. Wenn du es so nicht machen willst, dann will ich es annehmen, aber ich meine, es wäre so wirklich am besten. Bitte Herr, dies und dies und das."

Ich betete niemals: „Herr, zeige mir, was du tun willst. Ich weiß, daß du nur das Beste für mich willst. Zeig mir einfach, was du willst, und ich werde es dann tun, weil du von vornherein weißt, was dabei herauskommen wird. Du weißt am besten, wie ich das bekommen kann, was gut für mich ist. Ich will dir vertrauen, auch wenn ich nicht verstehe, wie du mich führst."

Schließlich mußte ich es zugeben. „Ja, Herr, es stimmt. Ich spreche genauso mit dir, wie meine Mutter immer mit meinem Vater gesprochen hat. Und, was noch schlimmer ist, ich bin tatsächlich nicht ganz sicher, ob du wirklich weißt, was das Beste für mich ist. Daß du gut bist und mich liebst und immer da bist, weiß ich genau. Ich kann nur nicht glauben, daß du wirklich beurteilen kannst, was jeweils das Beste für mich ist, wenn ich dir nicht zuvor erkläre, wie ich die Sache sehe." Als ich so die Wahrheit eingestanden hatte, fing Gott an, mich und meine Gebete umzuwandeln.

Die geistige und gefühlsmäßige Vorstellung, die manche von Gott haben, macht es tatsächlich unmöglich, ihm zu vertrauen. Theresas Geschichte zeigt, was für ein schreckliches und beängstigendes Gottesbild durch Kindheitserfahrungen entstehen kann.

Theresa

Theresa bereitete sich auf den Gemeindedienst vor. Aber wenn sie betete, konnte sie nie ihre Augen schließen, und ihre Zimmertür mußte während ihrer Gebetszeit immer offen stehen. Sie hatte sonst ständig das Gefühl, als ob hinter ihr ein grausiges Gespenst heraufkriechen würde, das sie packen wollte. Wir brauchten zwei Monate, um den Grund dafür zu entdecken.

Theresas Vater hatte Theologie studiert, hatte sich dann aber von Gott abgewandt. Er verfiel dem Alkohol, und als Theresa geboren wurde, war er im Gefängnis. Als Theresa sechs Jahre alt war, verließ er schließlich seine Familie.

Als Kind hatte Theresa immer Angst, daß ihr Vater eines Tages zurückkommen und sie in einen häßlichen, dunklen Raum einsperren würde, der angefüllt war mit leeren Bierflaschen und in dem es keine Blumen gab oder sonst irgend etwas Schönes. Diese Angstvorstellung hing beständig über ihrem Leben.

Später wurde Theresa Christin. Aber sie konnte mit Gott nie über das sprechen, was sie fühlte. Sie konnte ihn um Dinge bitten wie zum Beispiel um ein Paar Schuhe. Aber sie konnte nie ihre Gefühle ausdrücken. Schließlich wurde ihr bewußt, daß Gott für sie wie ein Geist war, ein mit Fetzen umhülltes Skelett. Wenn sie beim Beten die Tür schloß – so befürchtete sie –, dann könnte Gott in ihrem Zimmer erscheinen, und etwas Schreckliches würde dann geschehen. Möglicherweise würde Gott sie sogar an irgend einen grausigen Ort schaffen.

Eines Tages sagte ich zu ihr: „Also Theresa, nun sag Gott doch einmal die Wahrheit. Sage ihm: ‚Herr, ich habe Angst vor dir'."

Theresa konnte diese Worte nicht aussprechen. Sie fing an zu beten: „Herr, danke, daß du mich liebst. Danke für alles, was du für mich getan hast, danke für dies, danke für das ..."

Ich unterbrach sie: „Nein, nicht so. Sag einfach: ‚Gott, ich habe Angst vor dir'."

Wieder fing sie an: „Herr, danke für dies, danke für das ..."

Noch einmal unterbrach ich sie: „Bete nur: ‚Gott, ich habe Angst vor dir'."

Schließlich kriegte sie es fertig zu sagen: „Gott ... ich ... habe ... Angst ... vor dir. Aber ich muß ja wohl Angst vor dir haben, denn du bist so groß, und ich bin so klein."

„Nein, nein, nicht so", sagte ich. „Bete einfach: ‚Gott, ich habe Angst vor dir.' Nichts weiter!"

Wieder fing sie an: „Gott, ich habe Angst vor dir, aber ich habe auch Grund dazu, weil ich hier ganz allein bin!"

Theresa kämpfte lange mit diesem Gebet, bis sie endlich ruhig vor Gott eingestehen konnte, daß sie Angst vor ihm hatte. Sie hatte nicht gewagt, diese Wahrheit einzugestehen, weil sie befürchtete, daß Gott dann wirklich kommen und sie packen würde. Und wer konnte wissen, was er dann mit ihr machte!

Wir mußten damals gerade unseren Wohnort wechseln, und so konnte ich Theresa nicht all die Zeit widmen, die sie nötig gehabt hätte. Bevor wir abreisten, fragte ich sie, wie sie sich jetzt Gott gegenüber fühle. Sie hatte nun angefangen, ihre Zimmertüre zu schließen, wenn sie betete, und sie machte nun auch die Augen beim Gebet zu. (Was nicht heißt, daß man nicht auch mit offenen

Augen beten kann.) Sie fing an, Gott gegenüber mehr Vertrauen zu entwickeln. Immer weniger glich Gott ihrem Vater.

Wie ist Gott für dich? Sag die Wahrheit. Die Wahrheit wird dich befreien. Nimm die Aufzeichnungen von all deinen schmerzhaften Erlebnissen und füge noch hinzu, was für eine Vorstellung du von Gott hast. Schreib auf, wie du dich ihm gegenüber wirklich fühlst. Schreib auch alles auf, das Gott in deinem Leben geschehen ließ, weswegen du ärgerlich auf ihn bist und was du ihm nicht vergeben kannst. Vielleicht, daß deine Eltern sich haben scheiden lassen, oder daß dein Bruder gestorben ist oder was dir sonst noch in den Sinn kommt.

Im nächsten Kapitel werden wir über weitere Dinge sprechen, die für deine seelische Heilung wichtig sind.

Kapitel 7: Okkulte Einflüsse

Auch zurückliegende Kontakte mit okkulten Mächten können ein Hindernis für unsere seelische Heilung sein.

Gott hat in jeden Menschen die Fähigkeit gelegt, mit der übernatürlichen Welt in Kontakt zu kommen. Er hat uns so geschaffen, damit wir in Gemeinschaft mit ihm leben können. Nun gibt es allerdings zwei sehr gegensätzliche Mächte in der übernatürlichen Welt: zum einen Gott mit seinem Reich des Lichts, dann aber auch Satan mit seinem Reich der Finsternis.

Wenn jemand in irgendeiner Form mit okkulten Mächten in Berührung gekommen ist, hat er Kontakt gehabt zu etwas, das Gott verabscheut. Gott sagt: „... daß nicht jemand unter dir gefunden werde, der ... Wahrsagerei, Hellseherei, geheime Künste oder Zauberei treibt oder Bannungen oder Geisterbeschwörungen oder Zeichendeuterei vornimmt oder die Toten befragt. Denn wer das tut, der ist dem Herrn ein Greuel“ (5. Mose 18, 10-12).

Gott haßt alle diese okkulten Praktiken. Wenn du willst, daß Jesus deine traumatischen Erfahrungen heilt, dann mußt du jeden Kontakt, den du mit diesen Riten gehabt haben magst, widerrufen und dich davon lossagen, weil du sonst keine wirkliche Gemeinschaft mit Gott haben kannst. Menschen, die solche Dinge ausüben, haben auch Vollmacht, aber ihre Macht kommt nicht von Gott, sondern von Satan.

Gott warnt so eindringlich davor, an okkulten Riten teilzunehmen oder jemanden um Rat zu bitten, der das tut, weil dadurch ein Kontakt entsteht mit dem Reich Satans. Es ist, um das an einem Beispiel deutlich zu machen, als ob man eine Telefonverbindung mit Satan herstellte oder eine Tür zu seinem Reich hin öffnete.

Ich möchte das einmal so darstellen:

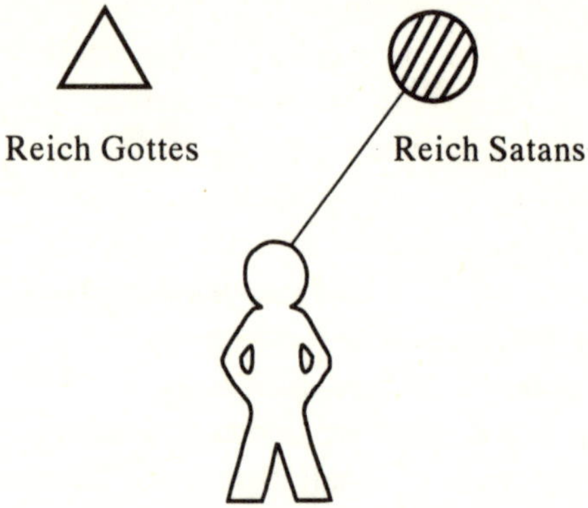

Jemand, der mit dem Reich Satans in Kontakt steht

Vielleicht öffnet sich derjenige dann später Jesus gegenüber und versucht, Gottes Willen zu tun. Dann wird auch zu Gott hin eine Telefonverbindung hergestellt. Nur bleibt die Verbindung zum Reich Satans ebenfalls bestehen, denn Satan verzichtet niemals freiwillig auf seine Einflußmöglichkeiten. Das sieht dann so aus:

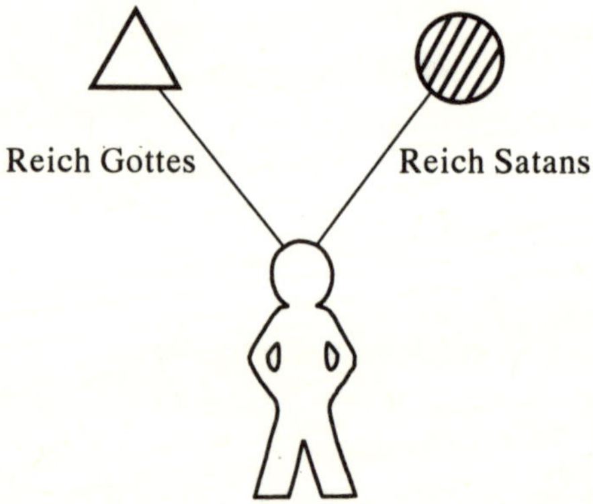

Ein Nachfolger Jesu, der Kontakt zum Reich Satans hatte

Dieser Christ hat also gleichsam zwei Telefonhörer auf einmal an den Ohren. Deshalb fällt es ihm beim Beten oder beim Lesen in der Bibel schwer, sich auf das zu konzentrieren, was Gott sagt. Ihm kommen Zweifel an Gottes Liebe oder sogar an Gottes Existenz. Und wenn er zur Kirche gehen will, fühlt er ein inneres Widerstreben dagegen. Immer wieder quält ihn der Gedanke, Gott sei ein Lügner.

Solange der alte Kontakt zum Reich Satans nicht unterbrochen ist, können wir unsere Beziehungen zur übernatürlichen Welt also mit dem Versuch vergleichen, zwei Telefongespräche auf einmal zu führen. Beide Partner reden gleichzeitig auf uns ein, und wir verstehen gar nichts mehr.

Wenn sich aber jemand im Namen Jesu von jeder Verbindung lossagt, die er mit dem Okkulten gehabt hat, wird der Kontakt zum Reich Satans unterbrochen.

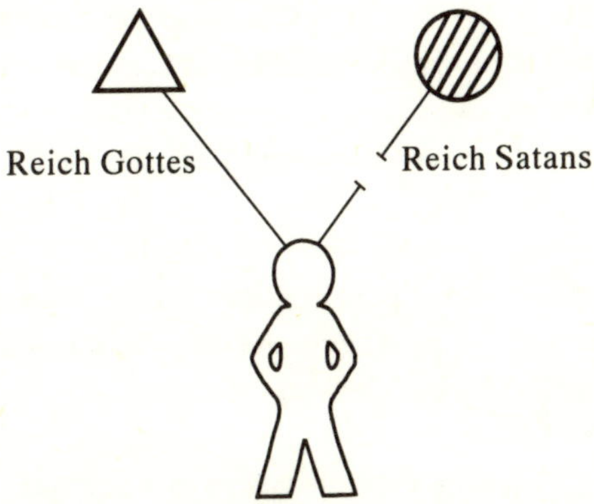

Ein Nachfolger Jesu, der sich von seiner Verbindung mit dem Reich Satans losgesagt hat

Es gehört allerdings zur Taktik Satans, uns seinen Einfluß nicht so leicht bewußt werden zu lassen. Deshalb nimmt mancher die Dinge auf die leichte Schulter: „Ich habe zwar auch mal an so einer Sache teilgenommen, aber ich habe nicht wirklich daran geglaubt. Ich bin nur mit einem Freund mitgegangen.“ Aber das ist kein Unterschied. Die Bibel sagt, daß Satan wie ein Dieb kommt. Kein Dieb wartet mit seinem Einbruch, bis der Besitzer des Hauses glaubt, daß er ein Dieb ist. Ein Dieb kommt auch nicht an die Haustür, klopft an und sagt: „Ich bin ein Dieb. Bitte, lassen Sie mich herein. Ich will Sie bestehlen.“ So ein Dieb würde Hungers sterben!

Ein Dieb kommt herein, wenn man glaubt, alle Fenster und Türen seien fest verschlossen. Satan arbeitet ebenso. Er wartet nicht, bis wir an ihn glauben oder ihn einladen. Er kommt, wenn wir ihn am wenigsten erwarten, wenn wir ihn gar nicht in der Nähe vermuten. Luz Angelas Geschichte zeigt, welch weitreichende Folgen auch unbewußte oder in Vergessenheit geratene Kontakte mit Okkultem haben können.

Luz Angela

Luz Angela war schon seit vielen Jahren Christin. Ihr Mann war Pastor. Jahrelang kämpfte sie mit Zweifeln, ob sie wirklich errettet sei und ob Gott sie tatsächlich liebe. Sie hatte oft gefastet und gebetet, um diese Zweifel zu überwinden, aber sie hatten nie abgenommen.

Mein Mann sprach in einer Vortragsreihe in ihrer Gemeinde über die Notwendigkeit, dem Kontakt mit jeglicher Form von Spiritismus abzusagen und jede Verbindung zum Reich Satans abzubrechen – ein Schritt, der über das bloße Bereuen der Tat und die Bitte um Vergebung hinausgeht.

Als wir uns später in kleinen Gruppen über den Vortrag austauschten, erzählte mir Luz Angela von ihren Zweifeln. Sie erinnerte sich daran, wie sie in ihrem ersten Jahr auf der Höheren Schule Angst vor der Abschlußprüfung gehabt hatte. Eine Freundin hatte ihr damals geraten, zum Friedhof zu gehen, wo am Tag zuvor ein sehr böser Mann beerdigt worden war. Sie solle nach einem Kerzenstummel suchen, der auf dem Grab liegengeblieben war. Dann solle sie sich ans Grab knien, die Kerze anzünden, sie fest in der Hand halten und das Vaterunser rückwärts aufsagen.

Luz Angela erinnerte sich, wie sie das alles genau befolgt hatte.

Später hatte sie den Vorfall vergessen, aber nun fragte sie sich, ob er möglicherweise die Ursache für all ihre Zweifel sei.

Im Namen Jesu sagte sich Luz Angela von dem okkulten Ritual los, das sie ausgeführt hatte. So durchbrach sie die Verbindung, die zum Reich Satans hin bestanden hatte. Später erzählte sie uns, daß sie von diesem Tag an frei war von allen Zweifeln. In ihrem ganzen Leben als Christin hatte sie nie zuvor solche Freiheit erlebt.

Bist du irgendwann in deinem Leben mit dem Okkulten in Kontakt gekommen? Oder vielleicht deine Eltern oder Großeltern? In 2. Mose 20, 5 steht, daß sich Schuld der Eltern bis in die dritte und vierte Generation auswirken kann. Vielfältige Erfahrungen zeigen, daß das vor allem bei okkulten Kontakten gilt.

Schreib auf, wenn du mit dem Okkulten in Berührung gekommen bist, und schreib auch alles auf, was du über solche Kontakte bei deinen Eltern und Großeltern weißt.

Jesus annehmen

Wer will, daß Jesus seine seelischen Verletzungen heilt, muß ihm zuerst erlauben, in sein Leben zu kommen und ihm Zutritt zu allen Lebensbereichen geben. Das ist die Voraussetzung für eine Heilung. Ein Beispiel soll das verdeutlichen.

Vor einiger Zeit war unsere Wasserleitung in der Küche undicht. Wir riefen einen Klempner an, damit er den Schaden reparierte. Angenommen, der Handwerker wäre an unsere Wohnungstür gekommen und hätte geschellt, aber wir hätten ihm gesagt, er könne nicht hereinkommen, weil die Wohnung ja schließlich uns gehöre. Er solle die Wasserleitung reparieren, indem er mit seinem Arm durch die Tür oder durchs Fenster lange. Mit Sicherheit wäre die Leitung dann noch heute undicht. Die Reparatur wäre unmöglich gewesen.

Entsprechendes gilt, wenn jemand möchte, daß Jesus die seelischen Verletzungen in seinem Leben heilt. Jesus kann das nicht, solange wir ihm nicht die Tür zu unserem Leben öffnen und ihm zu jedem Bereich Zutritt gewähren.

Vielleicht sagst du jetzt, wie wir das auch von vielen Menschen in Kolumbien hörten: „Aber Gott war doch sowieso immer bei mir." Das stimmt. Gott ist schon immer bei dir gewesen. Aber er ist auch immer bei den Hunden und den Katzen und den Bäumen gewesen und bei allem, was er geschaffen hat. Doch mit uns Menschen möchte er eine sehr viel engere Gemeinschaft eingehen.

In Kapitel zwei des ersten Buches Mose steht, wie Gott den Menschen geschaffen hat. Er formte ihn aus Erde und blies ihm seinen Lebensatem ein, und so wurde Adam ein lebendiges Wesen. Später sagte Gott zu Adam und Eva, daß sie sterben würden, wenn sie vom Baum der Erkenntnis des Guten und des Bösen äßen.

Sie aßen davon, aber sie starben nicht, jedenfalls nicht physisch, sie lebten weiter. Allerdings bedeutet das Wort, das wir hier mit „sterben" übersetzen, nicht „verschwinden", sondern vielmehr „getrennt werden".

In dem Augenblick, als Adam und Eva die Frucht vom Baum der Erkenntnis des Guten und des Bösen aßen, geschah in ihnen eine Trennung. Der Lebensatem, den Gott in sie hineingeblasen hatte, trennte sich von ihnen, und so wurden sie von Gott getrennt. Sie starben geistlich.

Diese Trennung ist bis auf uns gekommen. Aus diesem Grunde fühlen wir uns innerlich so leer. Es ist eine Leere, die so groß und tief ist, daß nichts sie ausfüllen kann. Wir mögen versuchen, sie mit Autos, mit Häusern oder Geld zu füllen, mit Kleidung, Arbeit, Familie, Kindern, Kameraden, Freunden und vielem mehr. Aber die Leere ist viel zu tief, um von all dem auch nur berührt zu werden. Nichts kann sie ausfüllen, denn dieser leere Platz in unserem Geist ist auf Gott zugeschnitten. Nur Gott allein in Jesus Christus kann diese Leere in unserem Geist ausfüllen.

Wie macht Jesus das? In Offenbarung 3, 20 sagt er: „Siehe, ich stehe vor der Tür und klopfe an. Wenn jemand meine Stimme hören wird und die Tür auftun, zu dem werde ich hineingehen und das Abendmahl mit ihm halten und er mit mir."

Nehmen wir einmal an, daß ich vor deinem Haus stehe und anklopfe und ich dir als Besuch willkommen bin. Dann öffnest du die Tür, läßt mich herein und führst mich ins Wohnzimmer. Wenn du willst, daß ich mit dir zusammen esse, dann wirst du mich an deinem Tisch Platz nehmen lassen. Wenn du aber willst, daß ich fortan zum Besitzer deines Hauses werde, dann führst du mich überall herum und zeigst mir jeden Raum. „Dies Haus gehört dir", würdest du dann sagen. „Du kannst darüber bestimmen. Ich werde ausführen, was du sagst."

Entsprechendes geschieht, wenn du Jesus in dein Leben aufnehmen willst. Jesus kommt nicht wie ein Dieb. Er ist höflich und rücksichtsvoll. Ohne deine Einladung kommt er nicht herein. Er steht an der Tür deines Lebens und klopft. Nur wenn du ihm öffnest und ihn einlädst, tritt er ein.

Wie du Jesus einladen kannst, in dein Leben zu kommen? Genauso, wie du mich bitten würdest, in dein Haus zu kommen: indem du eine Einladung aussprichst. Rede jetzt zu ihm. Sage ihm:

„Herr Jesus, ich weiß, daß ich mich bisher noch nicht für dich geöffnet habe. Du warst zwar immer bei mir, aber ich habe dich nie gebeten, in mein Leben hereinzukommen und die Herrschaft zu übernehmen. Nun öffne ich dir die Tür. Hier und jetzt gebe ich dir mein ganzes Leben. Ich möchte dir gehören. Bitte, komm und vergib mir alles, was ich dir und anderen gegenüber falsch gemacht habe, alle meine Sünden. Mach aus mir ein Kind Gottes. Sag mir, was du mit meinem Leben machen willst, und ich werde dir folgen. Ich möchte, daß du mein Herr bist. Danke für das, was du jetzt in mir tust. Amen."

Dem Okkulten absagen

Nun sage dich von jeder Verbindung los, die du mit okkulten Dingen gehabt hast. Nimm deine Aufzeichnungen zur Hand und sage dich los von jedem einzelnen Kontakt. Das folgende Gebet kann dir dabei helfen:

„Mein Gott und Herr, hier und jetzt sage ich mich im Namen Jesu von Nazareth los von jeder Verbindung mit dem Reich Satans. Ich sage mich los von jeder Religion, die dich nicht anerkennt. Ich sage mich los von jedem Kontakt mit Wahrsagerei, Zauberei und Hexerei, mit Zeichendeuterei und Besprechungen, mit Medien oder Spiritisten und aller Befragung der Toten. Ich sage mich los von jedem Gebrauch von Tarotkarten, von Handlesen, Pendeln, jeder Art von Kartenlegerei, aller Astrologie und allem Horoskopglauben.

Ich sage mich los vom Lügen, von der Klatschsucht und dem Mißbrauch von Alkohol und dem Gebrauch von Drogen. Ich sage mich auch los von allem Kontakt, den meine Eltern und Großeltern mit diesen Dingen gehabt haben. Ich durchtrenne alle Verbindungen zum Reich der Finsternis. Herr Jesus, ich sage all dem ab und trenne mich davon. Bitte reinige du alle Bereiche meines Lebens, die davon berührt worden sind, und fülle sie mit deinem Heiligen Geist."

Wenn in deinen Aufzeichnungen nun noch etwas steht, das du nicht erwähnt hast, dann sage dem Herrn: „Im Namen Jesu sage ich mich los von dem Kontakt mit .... Ich breche die Verbindung ab, die auf diese Weise zu Satans Reich hin geknüpft worden ist. Jesus, bitte fülle jetzt diesen Bereich meines Lebens mit dem Heiligen Geist. Danke, Herr, daß du mich befreist."

Die Erfahrung hat gezeigt, daß ein derartiges Absagegebet in jedem Fall in der Gegenwart eines Seelsorgers gesprochen werden sollte. Er ist Zeuge, daß du dich von dieser Bindung losgesagt hast, und er kann dir dann auch die Vergebung Jesu zusprechen.

Im nächsten Kapitel werde ich zeigen, wie du nun deine seelischen Verletzungen im Gebet zu Jesus bringen und ihn um Heilung bitten kannst.

Kapitel 8: Heilung empfangen

Gebet für sich selbst

In diesem Kapitel gebe ich Anleitungen zum Gebet, die dabei helfen können, seelische Verletzungen und Erschütterungen zu Jesus zu bringen, damit er sie heilt.

Bitte Gott, deine geistlichen Augen zu öffnen, damit du sehen kannst beziehungsweise dir vorstellen kannst, wie Jesus neben dir steht und darauf wartet, alles das aus deiner Vergangenheit entgegenzunehmen, was du ihm gibst. Gemeint ist dabei nicht ein wörtlich verstandenes physisches Sehen, sondern ein inneres Erkennen, durch das du wahrnimmst: Gerade das, worum du betest, geschieht tatsächlich. Es geht um jenes „Sehen“ bzw. „Erkennen“, das Paulus meinte, als er an die Epheser schrieb: „Gott gebe euch erleuchtete Augen des Herzens, damit ihr erkennt, zu welcher Hoffnung ihr von ihm berufen seid“ (Epheser 1,18).

Nimm nun die Aufzeichnungen von deinen traumatischen Erlebnissen zur Hand und bitte Jesus, dich zurück durch die Jahre deines Lebens zu begleiten, während du die Szenen von damals wieder in dir lebendig werden läßt. Zeige ihm jede Begebenheit, die dich verletzt hat. Bitte ihn, einen Sack aufzuhalten, in den du alles das hineinwerfen kannst, das dir wehgetan hat. Und dann beobachte, wie Jesus zu dir kommt und dir anstelle der „Asche“ der schmerzhaften Erlebnisse etwas Schönes gibt, an das du dich von jetzt an erinnern kannst. Bitte ihn, dir zu zeigen, was er getan hätte, wenn er bei diesem Vorfall dabeigewesen wäre. Das folgende Gebet kann dir dabei helfen.

„Herr Jesus, als mein Vater .... (z. B. mich in jener Nacht nach draußen schickte, obwohl ich so schreckliche Angst hatte), fühlte ich .... (z. B. ungeheuren Zorn). Ich wollte .... (z. B. am liebsten schreien, bis er mir zuhörte und mich verstand). Aber er ....

.... (z. B. hätte sowieso nicht auf mich gehört). Jesus, diese .... (z. B. Angst und dieser Zorn) zerstören mich. Ich kann sie nicht mehr tragen. Ich werfe diese .... (z.B. Angst und diesen Zorn) in deinen Sack. Danke, daß du das jetzt für mich trägst."

Wenn du so das erste traumatische Erlebnis losgeworden bist, geh an das nächste heran und bete so wie beim ersten. Sag die Wahrheit über das, was du damals gefühlt hast und was du jetzt fühlst. Schreie, weine, schlag auf den Fußboden oder auf ein Kissen, wenn du dich danach fühlst. Befreie deine Gefühle, damit du sie wieder empfinden kannst, und dann wirf sie in den Sack, den Jesus für dich bereithält. Wenn du deinen Vater zugleich haßt und liebst, dann wirf alle deine Erinnerungen an ihn in Jesu Sack und bitte ihn, das Gute herauszusortieren und dir zurückzugeben. Er kann das viel besser als du selbst.

Wenn du über alles, was deinen Vater betraf, mit Jesus gesprochen hast, dann gehe mit ihm durch die Situationen, in denen deine Mutter und deine Geschwister dich verletzt haben. Laß dabei keine Einzelheit aus. Fahre dann fort mit den traumatischen Erlebnissen, die vielleicht durch deinen Stiefvater, deine Stiefmutter, durch Onkel oder Tanten verursacht wurden, durch deine Großeltern, Vettern und Kusinen, durch Nachbarn, Klassenkameraden, Lehrer, Freunde und Kollegen, durch den Pastor oder Leute in der Gemeinde, durch Missionare, Schwiegereltern, Schwager und Schwägerinnen, durch deinen Mann bzw. deine Frau, deine Söhne und Töchter, durch Polizisten oder Soldaten während des Krieges oder nachher und jeden anderen, an den du dich erinnern kannst.

Danach sprich mit Jesus über die seelischen Verletzungen, die du dir selbst zugefügt hast, über Sünde und Versagen, das du dir nicht vergeben konntest, und über die Bereiche deines Lebens, wo du dich selbst nicht annehmen konntest.

Als nächstes sprich mit Gott über alles, was du ihm gegenüber gefühlt hast und fühlst: „Gott, ich habe immer das Gefühl gehabt, daß du mir gegenüber .... (z. B. kalt und distanziert) bist, daß du mit mir .... (z. B. unfair) umgehst. Ich konnte dir nie vergeben, daß du zugelassen hast, daß .... (z. B. mein Bruder starb). Deshalb fühlte ich .... (z. B. Zorn und Enttäuschung) dir gegenüber. Alles das werfe ich jetzt in Jesu Sack. Ich nehme dieses gefühlsmäßige Bild, das ich von dir, Gott, habe, reiße es in Stücke und werfe es auch in diesen Sack. Gott, wenn du nicht so bist, wie ich mir dich vorgestellt habe, dann weiß ich nicht, wie oder wer du bist. Bitte zeige mir, wie du wirklich bist."

Vielleicht konntest du nicht einmal Jesus vertrauen oder hast Angst vor ihm gehabt. Dann sage dem wahren, freundlichen, liebevollen Jesus, der für deine Sünden am Kreuz gestorben ist, diesem Jesus, von dem du weißt, daß er tief in dir lebt, wie du dich ihm gegenüber fühlst. Und dann wirf deine alten Vorstellungen von ihm auch in seinen Sack.

Wenn du dich dann an nichts Bedrückendes aus deiner Vergangenheit mehr erinnern kannst, dann bitte Jesus: „Wenn es noch irgend etwas Schlimmes in meiner Vergangenheit gibt, an das ich mich nicht erinnern kann, dann bring es mir bitte ins Gedächtnis zurück, damit ich es an dich abgeben kann."

Bleibe dann eine Zeitlang still vor Jesus. Alles, was dir noch in den Sinn kommt, ganz gleich, wie schwerwiegend oder geringfügig es dir erscheint, laß noch einmal in dir lebendig werden, so daß du den Schmerz von damals wieder fühlst. Und dann wirf es auch noch in den Sack, den Jesus für dich bereithält. Wenn dir nichts mehr ins Gedächtnis kommt, danke ihm für alles, was er dir gezeigt hat. Und dann bete weiter:

„Jesus, in deinem Namen binde ich diesen Sack zu. Bedecke ihn mit deinem Blut und versiegele ihn mit dem Abdruck deiner durchbohrten Hände, damit niemand ihn je wieder öffnen kann. Und nun, Herr Jesus, lege ich diesen großen, schweren Sack auf deine Schultern, damit du ihn für mich ans Kreuz trägst.

Jesus, du gehst zum Kreuz, gebeugt unter dem Gewicht der schrecklichen Dinge aus meiner Vergangenheit. Danke, daß du alles für mich trägst. Ich sehe dich, wie du mit meinem Sack beladen am Kreuz hängst. Und dort vom Kreuz aus fällt der Sack in die Hölle, wo er hergekommen ist, und wird vernichtet. Jesus, auch diese inneren Verletzungen, unter denen ich gelitten habe, haben dir den Tod gebracht. Du bist gestorben, um für das zu bezahlen, was ich erlitten habe. Ich danke dir so sehr.

Danke, daß du nun, nach deiner Auferstehung, zu mir kommst. In deinen Augen sehe ich Liebe, Vergebung und Erbarmen. Du machst mich ganz neu, so, als ob alles nie geschehen wäre. Ich öffne mich für dich, damit ich deine Heilung, deine Liebe, dein Mitleid, deine Vergebung und deine Rechtfertigung empfange."

Wenn du so weit mit Jesus mitgegangen bist, kannst du den nächsten Schritt tun. Sage die Wahrheit zu dem Erinnerungsbild von deinem Vater: „Vater, ich konnte dir nicht (oder nur halb) vergeben, was du mir angetan hast. Ich habe mich bemüht, aber in mir ist einfach keine (oder nicht genug) Vergebung, die ich dir geben könnte. Aber ich habe jetzt alles, was du mir angetan hast, Jesus gegeben und gesehen, wie er es ans Kreuz getragen hat. Für das zu bezahlen, was du mir angetan hast, hat Jesus das Leben gekostet. Nun läßt er seine Vergebung in mich hineinfließen. Vater, ich habe mich entschlossen, diese Vergebung, die Jesus mir gegeben hat, an dich weiterzugeben. Mit der Vergebung Jesu vergebe ich dir, Vater. Durch die Gnade Gottes will ich dir diese Dinge nie wieder vorhalten. Bitte vergib mir, daß auch ich mich dir gegenüber verkehrt verhalten und dich verletzt habe."

Dann sage zu Jesus: „Herr, ich konnte meinem Vater bis jetzt nicht vergeben. Aber nun habe ich deine Vergebung an ihn weitergegeben. Mit deiner Vergebung, Jesus, vergebe ich meinem Vater. Durch deine Gnade und Kraft werde ich ihn nie wieder anklagen."

Nun gib auf dieselbe Weise die Vergebung Jesu an deine Mutter weiter, an deine Geschwister und jeden, der in deinen Aufzeichnungen erwähnt ist. Und vergib auch dir selbst. Setze hier deinen eigenen Namen ein:

„......................................, ich konnte dir nicht vergeben, daß du .... Aber ich habe das alles jetzt Jesus gegeben, und ich vergebe dir mit der Vergebung Jesu. Ich nehme dich an, hier und jetzt, wie du bist, mit deinen Fehlern und Stärken, genauso, wie Jesus dich angenommen hat."

Sage Jesus, daß du dir selbst vergeben hast: „Jesus, ich habe mich entschieden, mir selbst zu vergeben und mich anzunehmen, so wie du mir vergeben und mich angenommen hast."

Dann sage zu Gott: „Gott, ich konnte dir nie vergeben, daß du zugelassen hast, daß .... Aber jetzt habe ich das alles Jesus gegeben, damit er es ans Kreuz trägt, und mit seiner Vergebung vergebe ich dir. Ich will es dir nie wieder vorhalten. Bitte vergib mir mein Verhalten dir gegenüber."

Wenn dir jetzt nichts mehr in den Sinn kommt, worum Jesus sich noch kümmern müßte, dann beschließe deine Gebetszeit damit, ihm für das Wunder der Heilung zu danken, das er in dir vollbringt.

Gebet um Heilung für andere

Wer Jesu Heilung an sich selbst erfahren hat, kann nun, wenn er darum gebeten wird, auch anderen den Weg zur Heilung zeigen. Zuerst sollte er dann zusammen mit dem Ratsuchenden Jesus darum bitten, daß er in ihm alle verborgenen seelischen Verletzungen wieder lebendig werden läßt und ihn bei der Rückschau auf sein Leben begleitet.

Für manche Menschen ist ihre Vergangenheit nur ein einziger, fortwährender Schmerz gewesen. Dann ist es hilfreich, im Gebet durch das ganze Leben des Betroffenen zu gehen. Das Gebet, das ich unten aufführe, kann dabei als Leitfaden dienen. (Man kann es natürlich auch zunächst für sich selbst gebrauchen, wenn man den Eindruck hat, es sei nötig, auf diese Weise Schritt für Schritt durch das eigene Leben zu gehen.) Dieses Gebet kann man bei einem einzelnen Hilfesuchenden anwenden, aber auch wenn man als Leiter mit einer Gruppe betet. In die freigelassenen Stellen sollte dann jeweils der Name des Ratsuchenden eingesetzt werden.

Es ist wichtig, daß dabei jeder einzelne sich ein geistiges Bild von dem macht, worüber gebetet wird, und er wirklich fühlt, was geschieht. Denn als die tragischen Dinge in seiner Vergangenheit geschahen, hat er sie mit seinen Augen gesehen und mit seinen Ohren gehört, sie mit seinem Körper gespürt und gefühlsmäßig erlitten. Deshalb muß er nun auch die Lösung sehen und hören und fühlen. Bitte Jesus, daß er den Menschen, während du mit ihm betest, an der Hand nimmt und ihn durch sein Leben geleitet. Dann bete:

„Herr Jesus, ich danke dir, daß für dich die Vergangenheit nicht verschlossen ist. Alles ist für dich gegenwärtig. Ich bitte dich, daß du .... bei der Hand nimmst und mit ihm (ihr) zurückgehst durch sein (ihr) Leben. Geh mit ihm (ihr) durch Jugend und Kindheit bis zurück zum Tag seiner (ihrer) Geburt und zu der Stunde, als er (sie) gezeugt wurde.

Herr, befreie .... von allen negativen Einflüssen, die von seinen (ihren) Eltern, Großeltern oder Urgroßeltern auf ihn gekommen sind. Im Namen Jesu widerrufen wir alle Zauberei und allen Spirtismus, an denen seine Vorfahren teilgenommen haben mögen, jede Besprechung und jeden Pakt mit dem Bösen, den sie vielleicht gemacht haben, auch schon in der Zeit, bevor .... gezeugt wurde. In deinem Namen sagen wir dem allen ab und durchbrechen so die Verbindung zum Reich Satans, die in .... Leben vielleicht bestanden hat. Fülle jeden Teil seines (ihres) Lebens, der von okkulten Dingen berührt worden ist, mit deinem Heiligen Geist.

Herr Jesus, sieh nun den Augenblick, in dem .... gezeugt wurde. Vielleicht war es ein Augenblick tiefer Liebe zwischen seinen Eltern, aber vielleicht war auch Sünde mit eingeschlossen. Vielleicht wollten sie gar nicht, daß dieses neue Leben entstand. Herr Jesus, gehe du in diese Situation hinein und mache aus diesem Akt etwas so Schönes, wie du es dir vorgestellt hast, als du den Menschen die Gabe der Sexualität schenktest. Wenn bei .... Eltern Sünde mit eingeschlossen war, dann nimm diese Sünde mit zum Kreuz. Vergib du alles und reinige alles.

Herr, du hast alles in der Hand, und du wolltest, daß .... Leben begann. Vor Grundlegung der Welt hattest du einen Plan für ihn. Danke für deinen Plan und für .... Leben.

Jesus, als .... Mutter merkte, daß sie schwanger war, hatte sie vielleicht Angst. Vielleicht wurde .... schon zu diesem frühen Zeitpunkt seines Lebens abgelehnt. Herr Jesus, komm an die Seite von seiner Mutter und ermutige sie. Gib ihr soviel Freude und Zuversicht, daß auch das Baby in ihrem Leib es spürt.

Vielleicht hatte seine Mutter in der Schwangerschaft starke Beschwerden oder sie wurde krank. Möglicherweise war sie nicht verheiratet und fühlte sich deshalb schuldig. Herr, ich bitte dich, nimm diese Krankheit, diese Schwierigkeiten, diese Schuld auf dich und heile jede seelische Verletzung, die seine Mutter auf das Baby geschoben haben mag.

Herr, ich bitte dich, ... Mutter deine Gegenwart spüren zu lassen, wenn der Zeitpunkt der Entbindung naht. Vielleicht war die Entbindung lang und schwierig. Herr, wende dich .... Mutter zu und trage ihre Schmerzen. Und bewahre das Baby vor jeder seelischen Verletzung.

Wenn .... geboren ist, dann empfange du ihn in deinen Armen. Laß dein strahlendes Gesicht das erste sein, das ihn in dieser Welt willkommen heißt. Sage ihm, wie du ihn liebst und wie glücklich du darüber bist, daß er geboren ist. Weihe ihn jetzt schon zum Dienst in deinem Reich.

Herr, in diesen ersten Wochen und Monaten, als das Baby so sehr davon abhängig war, von seiner Mutter versorgt zu werden, liebevoll gewiegt und gestreichelt zu werden und Geborgenheit zu empfinden, da war .... Mutter vielleicht zu beschäftigt, um so für das Kind zu sorgen, wie es das brauchte. Vielleicht wurde ...., weil die Familie so arm war oder wegen einer Krankheit oder eines Todesfalles von seiner Mutter getrennt und allein gelassen oder bei jemandem untergebracht, der nicht richtig für ihn sorgen konnte.

Jesus, geh bitte in das Zimmer, wo .... schreit und nimm ihn in deine Arme, wechsle seine Windeln, gib ihm seine Flasche und wiege ihn in deinen Armen. Sag ihm, daß du ihn liebst und für alles sorgst, was er braucht.

Wenn .... einige Jahre älter ist und immer nur „nein" sagt und dann später so viele Fragen stellt, ist seine Mutter vielleicht ungeduldig und sagt ihm, er solle den Mund halten und sie mit seiner Fragerei in Ruhe lassen. Vielleicht beginnt er jetzt zu lernen, daß er nicht über das reden darf, was er denkt und fühlt. Herr, nimm dieses Kind auf deinen Schoß, schließe es in deine Arme, höre auf alle seine Fragen und gib ihm die Antworten, die es braucht. Heile jede Verletzung, die er erlitten hat, wenn er sich von seiner Mutter abgewiesen fühlte.

Herr, vielleicht hat auch .... Vater in diesen Jahren keine Zeit für ihn gehabt, oder vielleicht war er sehr abweisend ihm gegenüber. Ich bitte dich, daß du dieses Kind in deine starken Arme nimmst und ein Vater für es bist. Laß .... deinen Schutz und deine Fürsorge spüren.

Vielleicht war der Vater (oder die Mutter) alkoholkrank und mißhandelte die Mutter (oder das Kind) mit Worten. Vielleicht hat er die Mutter sogar geschlagen. Komm in das Zimmer zu dieser verängstigten Familie. Vielleicht haben sich auch hier die Kinder vor Angst unter dem Bett versteckt. Herr, geh da hinein und stelle dich vor den Vater. Laß alle Schläge, alle Mißhandlungen und gemeinen Worte auf dich fallen. Bring diese Familie ohne seelische Verletzung da heraus, einfach nur, weil du da bist. Lege deine Hand auf die Wunden, die .... in dieser Zeit erlitten hat, und heile sie vollständig. Erfülle ihn mit deiner Liebe und mit Vertrauen. Danke, daß du das wirklich tust.

Jesus, als .... älter wurde, hat er vielleicht manchmal etwas angestellt, wofür er bestraft werden mußte. Möglicherweise haben ihn seine Eltern, statt ihn in Liebe und Verständnis zurechtzubringen, lächerlich gemacht, ihn kritisiert und ihm das Gefühl gegeben, er könne überhaupt nichts richtig machen. Vielleicht haben sie ihn nie oder nur selten gelobt, und nun hat er Minderwertigkeitskomplexe. Vielleicht meint er, daß er ständig versagt.

Herr, geh mit .... und sage ihm, wenn er etwas gut gemacht hat. Sage ihm, daß du stolz darauf bist, wie er lernt und sich entwickelt. Erkläre ihm alles, was er wissen muß. Wenn er Unfug gemacht hat und Strafe verdient hat, dann strafe ihn angemessen und in Liebe. Erkläre ihm den Grund für diese Strafe. Wenn er von seinen Eltern ungerecht bestraft worden ist, dann decke ihn mit deinem Leib und nimm diese Strafe auf dich.

Vielleicht gab es Zeiten, wo ihn seine älteren Geschwister nicht verstanden. Vielleicht hänselten sie ihn und machten sich über ihn lustig. Nimm .... den Schmerz ihrer Worte und heile ihn.

Herr, als .... zur Schule kam, erschien ihm vielleicht alles fremd und bedrohlich. Vielleicht hatte er Angst. Nimm ihn bei der Hand und gehe mit ihm zur Schule. Möglicherweise schubsten ihn die anderen manchmal zur Seite, und dann fühlte er sich verlassen und unerwünscht. Vielleicht hat ihm auch ein Lehrer das Gefühl gegeben, wertlos und dumm zu sein und sich über ihn lustig gemacht. Bleib bei .... und sei sein bester Freund. Nimm seine Verletzungen auf dich und laß ihn unbeschwert leben. Danke, daß du das tust.

Herr Jesus, als .... heranwuchs, hat vielleicht niemand mit ihm über seine erwachende Sexualität gesprochen. Vielleicht kam dann alles für ihn unerwartet und verursachte Angst und Scham. Herr Jesus, geh du zu ihm und erkläre ihm alles. Vielleicht hat er wegen seiner Experimente in jener Zeit noch immer Schuldgefühle. Nimm seine Angst und seine Scham und auch alle seine Schuld auf dich.

Vielleicht wurde .... sexuell belästigt oder sogar vergewaltigt und fühlt sich nun schmutzig und wertlos. Vielleicht wurde .... in ein Bordell mitgenommen oder von Homosexuellen belästigt. Jesus, komm in jede dieser Situationen hinein und reinige .... Geist, seine Gefühle und seinen Leib. Wasche ihn in deiner Gerechtigkeit und mache ihn so rein, als ob alles nie geschehen wäre. Danke für das, was du tust.

Vielleicht hat .... erlebt, wie ihn das Mädchen, das er liebte, betrog, und nun kann er nicht mehr an Liebe glauben. Bitte Herr, nimm diesen Schmerz auf dich.“

Wenn du mit jemandem so betest, kann es sein, daß er großen Schmerz durchlebt, weil ihm besondere innere Verletzungen wieder zum Bewußtsein kommen. Dann laß ihn seinen Schmerz auf jede nur erdenkliche Weise ausdrücken und herausbringen. Mach dir bewußt, daß es nichts gibt, was so schlimm wäre, daß Gott es nicht heilen könnte. Halte bei dem Hilfesuchenden aus, bis sein Schmerz abklingt und er wieder ruhig wird. Leite ihn dazu, anhand seiner Aufzeichnungen alle traumatischen Erfahrungen Jesus zu bringen. Wenn seine Liste zu lang ist, oder wenn er zu erschöpft ist, um weiterzumachen, laß ihn am nächsten Tag oder in der nächsten Woche fortfahren. Beschließe die Gebetszeit mit Dank und Lobpreis für das, was Gott in seinem Leben tut und getan hat.

In den nächsten beiden Kapiteln wollen wir uns damit befassen, was wir tun müssen, um in der emotionalen Heilung zu bleiben.

Kapitel 9: In der Heilung bleiben

Du bist nun im Gebet mit Jesus durch dein gesamtes hinter dir liegendes Leben gegangen. Wie fühlst du dich jetzt? Es kann sein, daß du spürst, wie du von allem Schmerz über deine seelischen Verletzungen befreit bist. Es kann auch sein, daß du dir deiner Gefühle nicht ganz sicher bist. Dann rede dir nicht ein, es sei alles in Ordnung. Denn es ist die Wahrheit, die dich frei machen wird. Bitte Jesus, dir zu zeigen, ob noch irgend etwas verdrängt geblieben ist.

Manche Leute sehen während des Gebets um Heilung ihr gesamtes Leben wie einen Videofilm vor sich ablaufen. Andere sehen überhaupt nichts. Manche sagen, sie sähen nichts als ein schwarzes Loch. Und wieder andere erleben von allem ein bißchen.

Wie es dir auch ergehen mag, es ist genau diese Erfahrung, in der Gott dir begegnen will.

Wenn du gar nichts erlebst, dann bitte Jesus, dir zu zeigen, was dein nächster Schritt sein soll. Wenn du nur ein schwarzes Loch gesehen hast, dann bring dieses schwarze Loch zu Jesus. Erlaube ihm, sein Licht in diese Dunkelheit zu bringen und dir zu zeigen, warum alles so finster ist. Dann geh ganz ruhig deiner täglichen Arbeit nach und erwarte, daß Jesus dir zu dem Zeitpunkt, wo du fähig bist, ihn zu verstehen, alles zeigen wird, was du ihm bringen sollst.

Du bist so weit geheilt, wie du dich öffnen und Jesus die Wahrheit sagen konntest. Aber der Herr weiß, wieviel von der Wahrheit du auf einmal ertragen kannst. Möglicherweise war das, was er dir bis jetzt gezeigt hat, nur ein Anfang. In dem Maße, wie du es verkraften kannst, Schritt für Schritt, wird Jesus dich in dem Heilungsprozeß weiterführen. Es kann sein, daß er das schon jetzt in diesem Augenblick will. Es kann aber auch sein, daß Tage und Wochen zwischen deinen einzelnen Schritten liegen. Fang nicht an, darüber nachzugrübeln, was noch in dir verborgen liegen könnte. Jesus wird es dir zur rechten Zeit ins Bewußtsein bringen. Und dann kannst du mit ihm darüber sprechen.

Bleibe dann ganz still vor ihm und sei offen für das, was er dir zeigt. Vertraue ihm. Er will dich freundlich leiten. Er möchte dich so tiefgreifend heilen, wie du selbst es dir kaum wünschen und vorstellen kannst.

Wenn du merkst, daß du nicht allein weiterkommst, dann bitte Gott, dich auf einen guten Seelsorger aufmerksam zu machen, der dir helfen kann, zu verstehen, was Jesus dir zeigen will.

Wenn du aber spürst, daß alles heil geworden ist, was du aufgeschrieben hattest, dann verbrenne deine Aufzeichnungen. Hebe sie nicht auf, denn was auf deiner Liste steht, gehört nun nicht mehr zu dir. Jesus hat jede deiner seelischen Verletzungen auf sich genommen. Sie gehören jetzt ihm, sie sind sein Eigentum.

Wenn dann später Satan zu dir sagen sollte: „Erinnerst du dich noch an das, was man dir angetan hat?“ dann kannst du ihm antworten: „Am .... (setze dein eigenes Datum ein) habe ich das alles Jesus gegeben. Ich habe gesehen, wie er es ans Kreuz trug, und deshalb habe ich nichts mehr damit zu tun. Wenn du darüber sprechen willst, dann sprich mit Jesus darüber. Es ist nicht mehr mein Problem, es gehört mir nicht mehr. Und ich mische mich nicht in anderer Leute Angelegenheiten.“ Und dann danke Jesus noch einmal für das, was er für dich getan hat.

Alte Denkgewohnheiten überwinden

Jesus hat uns von unseren seelischen Wunden und den seelischen Erschütterungen befreit. Wie können wir nun frei bleiben? Wie können wir uns selbst davor bewahren, doch immer wieder an der Stelle herumzubohren und zu kratzen, wo die Verletzung gewesen ist?

In Römer 12,2 steht: „Ändert euch durch Erneuerung eures Sinnes.“ Wenn wir wollen, daß unsere seelische Heilung Bestand hat, ist es wichtig, auf diesen Vers zu hören.

Wir Menschen verhalten uns nach bestimmten Denkgewohnheiten. Wenn wir an jemanden denken, erinnern wir uns zugleich auch an die Gefühle, die er in uns hervorgerufen hat. Bei mir zeigte sich das zum Beispiel dadurch, daß ich bei jener bestimmten Schulschwester, die meiner Lehrerin aus dem dritten Schuljahr ähnelte, nicht ordentlich arbeiten konnte. Jedesmal, wenn ich diese bestimmten Gesichtszüge sah, waren die Empfindungen „Fehler, Angst, Strafe“ in meinem Kopf, und die Wunden, die meine frühere Lehrerin verursacht hatte, wurden wieder aufgerissen. Dieses Denken muß verändert werden, wie Paulus in dem oben angeführten Vers sagt. Nur ist das leider nicht so einfach.

Wer einmal versucht hat, mit dem Rauchen aufzuhören, der weiß, daß man diese Angewohnheit nicht von einem Tag auf den anderen ablegen kann. Es ist ein richtiger Kampf, mit einer Gewohnheit zu brechen.

Unsere Denkgewohnheiten zu durchbrechen, kostet ebenfalls Kampf. Je fester sich diese Gewohnheiten eingeprägt haben, desto schwerer ist es, sie zu verändern. Man wird sie nicht einfach dadurch los, daß man sagt: „Ich will nicht mehr an diese Dinge denken.“

Es ist interessant im Blick auf unseren Denkprozeß, daß wir, um eine Sache vergessen zu wollen, zuerst einmal daran denken müssen. Wenn wir nur sagen: „Ich will nicht mehr an diese Sache denken“, haben wir unseren Vorsatz schon gebrochen.

Mit einem einfachen Experiment kann man das verdeutlichen. Führe die folgende Anweisung aus: Denke nicht an das Wort „Brot“! Denk nicht daran, wie wunderbar Brot duftet, wenn es aus dem Ofen genommen wird, oder wie gut Brot schmeckt. Woran denkst du jetzt? An „Brot“ natürlich. Je mehr wir versuchen, das Wort „Brot“ zu vergessen, desto deutlicher erinnern wir uns daran.

Unsere Gedanken sind wie Klebstoff. Wenn wir versuchen, ihn von der linken Hand zu entfernen, dann haftet er an der rechten. Versuchen wir es noch einmal andersherum, dann klebt er wieder an der linken Hand. Wir können ihn nicht loswerden. Ähnlich geht es mit unseren Gedanken. Je intensiver wir versuchen, eine Sache zu vergessen, desto mehr denken wir daran.

Gott weiß, wie es uns mit unseren Gedanken ergeht. Deshalb zeigt er uns eine Lösung. In Philipper 4, 8, steht: „Liebe Brüder: Was wahrhaftig ist, was ehrbar, was gerecht, was rein, was liebenswert, was einen guten Ruf hat, sei es eine Tugend, sei es ein Lob – darauf seid bedacht!"

In diesem Vers wird nichts Negatives erwähnt, sondern nur Positives. Wir sollen unseren Verstand damit beschäftigen, an positive Dinge zu denken. Dies ist ein Befehl Gottes, nicht nur ein Vorschlag, denn er weiß, daß wir nur auf diese Weise unsere verhängnisvolle Art zu denken verändern können: indem wir unseren Sinn mit guten, positiven Gedanken anfüllen.

Das fällt uns nicht leicht. Wenn wir jemanden sehen, der uns verletzt hat, ist der erste Gedanke, der uns in den Sinn kommt: „Was hat der mir nur angetan!" Wir müssen solche negativen, zerstörerischen Gedanken durch gute Gedanken ersetzen.

Paulus sagt dazu in 2. Korinther 10, 5: „Wir zerstören ... Gedanken und alles Hohe, das sich erhebt gegen die Erkenntnis Gottes, und nehmen gefangen alles Denken in den Gehorsam gegen Christus." Wie kann uns das gelingen?

Wir wollen dazu ein zweites Experiment machen. Denke nicht an das Wort „Brot". Denke nicht daran, wie wunderbar Brot duftet, wenn es aus dem Ofen genommen wird, oder wie gut frisches Brot schmeckt. Denke an das Wort „Wasser". Denk an die prickelnde Kühle des Wassers an einem heißen Tag, und wie Wasser dich erfrischt. Woran denkst du jetzt? Wenn du den Versuch richtig gemacht hast, an das Wort „Wasser". Der zweite Gedanke hat den ersten verdrängt. Auf dieselbe Weise können in uns, wenn wir Gottes Anweisungen folgen, gute, positive Gedanken den Platz der negativen Erinnerungen einnehmen.

Ich habe nur ein einziges Mal jemanden kennengelernt, der immer Gutes über die anderen sagte. Wenn dieser Frau nichts Gutes einfiel, das sie über die anderen sagen konnte, dann schwieg sie einfach. Mit ihr zusammenzusein, war eine wunderbare Erfahrung. Diese Freundin, eine Missionarin, versorgte uns, als ich eine Krebsbehandlung durchmachen mußte. Als sie nach einer Woche nach Hause zurückkehren mußte, löste eine andere Missionarin sie ab.

Diese Frau war das genaue Gegenteil der ersten. Jede Sache und jeden Menschen sah sie in einem negativen Licht. Nach einer Woche konnte ich es kaum erwarten, daß sie wieder nach Hause zurückfuhr. Es war niederdrückend, ständig von den schlimmen Dingen zu hören, die andere getan hatten.

Diese beiden Frauen hatten ganz unterschiedliche Denkgewohnheiten entwickelt. Sie sprachen von denselben Menschen und Geschehnissen. Und doch sahen sie aufgrund ihrer Denkgewohnheiten genau das Gegenteil in jedem Menschen und jeder Situation.

Manchmal fällt es uns schwer, etwas Gutes an jemandem zu entdecken. Vielleicht können wir alle etwas lernen von jener kleinen, alten Großmutter, die in einem amerikanischen Landstädtchen lebte. Diese alte Frau sprach immer von dem Guten in anderen. Sie hatte sich den Vers Philipper 4, 8 ins Herz geschrieben.

Im selben Ort lebte ein verschrobener alter Mann. Eines Tages starb er, und jedermann in dem kleinen Städtchen ging mit zur Beerdigung. Da wollten sich einige junge Männer auf Kosten dieser alten Frau einen Spaß erlauben.

„Nun, Oma", fragten sie, „was kannst du uns von diesem alten Mann, der nun gestorben ist, Gutes sagen?"

Die alte Frau kratzte sich am Kopf und überlegte eine Weile. Schließlich antwortete sie: „Ihr wißt, ich habe schon immer gesagt, dieser Mann hatte die schönsten Zähne von der ganzen Welt."

Vielleicht gibt es jemanden in deinem Leben, der dich so tief verletzt hat, daß du nichts Gutes mehr an ihm entdecken kannst. Vielleicht sind seine „schönen Zähne" das einzige, was du finden kannst. Dann fülle, wenn du deine Verletzungen Jesus gebracht hast, deine Erinnerung an ihn mit Gedanken über diese „schönen Zähne".

In jedem Menschen liegt etwas Gutes, denn jeder trägt ja irgendwo in sich verborgen das Bild Gottes. Wir müssen uns bemühen, das Gute herauszufinden, denn dies ist die einzige Möglichkeit, die Denkmuster zu durchbrechen, die wir entwickelt haben, um von unseren negativen Gedanken befreit zu werden.

Ich möchte dir Mut machen, die guten Eigenschaften der Menschen, die dich verletzt haben, zu entdecken. Wenn du dich bei negativen Gedanken ertappst, dann lege diese Gedanken auf Jesus und konzentriere dich auf die guten Eigenschaften jenes Menschen.

Das heißt nicht, daß du verdrängen sollst, was derjenige getan hat. Du sollst dich nur darauf besinnen, daß du den Schmerz, den er dir zugefügt hat, nicht mehr zu tragen brauchst und deshalb frei dazu bist, an seine guten Eigenschaften zu denken. Das ist Gottes Anweisung. Denn er weiß, wie wir seelisch gesund werden können.

Mit den täglichen Verletzungen und Ängsten leben

Du hast wegen aller seelischen Verletzungen gebetet, die du jemals von jemandem erlitten hast. Aber wenn dich morgen wieder jemand verletzt? Jeder von uns sollte an jedem Tag seine Verletzungen unter Gottes Heilung bringen. Verdränge nicht, was Herr oder Frau Soundso gesagt haben und wie sie dich gekränkt haben. Sage die Wahrheit. Versuche nicht, es zu vergessen. Mit Jesus an deiner Seite kannst du dich an jene Szene und an die Gefühle, die du hattest, erinnern. Laß den Schmerz zu. Vielleicht weißt du nicht einmal genau, was du gefühlt hast. Dann bitte Gott, daß er dir das zeigt. Und dann sage die Wahrheit:

„Als er (sie) .... tat (sagte), fühlte ich ...., und ich fühle immer noch .... Ich kann das nicht tragen. Jesus, bitte komm in diese Szene herein. Ich lege den Schmerz und diese ganze Begebenheit auf dich. Trage das für mich ans Kreuz."

Wenn dein Mann ärgerlich und verstimmt nach Hause kommt oder wenn deine Frau launisch ist, dann sage Jesus genau, was du fühlst. „Ich fühle mich, als ob ...." (z. B. daß ich ihn am liebsten umbringen würde). Wenn du dich so fühlst, dann sag Jesus die Wahrheit. Nicht, daß du so fühlst, ist problematisch, sondern was du mit den Gefühlen machst.

Die Bibel sagt: „Zürnt ihr, so sündigt nicht" (Epheser 4, 26). Wenn du ärgerlich bist, dann sage Gott das. Unsere Zorngefühle sind nicht das Problem. Die Probleme erwachsen aus unserer Einstellung zu dem Ärger.

Wenn wir versuchen zu unterdrücken, was wir fühlen, bekommen wir Schwierigkeiten. Wenn wir unserem Widersacher aus Zorn eins auf die Nase geben, bekommen wir auch Schwierigkeiten.

Allzuoft beten wir: „Herr, vergib mir, daß ich so zornig war." Und dann schlucken wir alles zusammen hinunter, den Ärger und den Schmerz, der ihn verursacht hat. Wenn wir das Tag für Tag so machen, dann sind wir innerlich schließlich so geladen, daß wir bei der geringsten Kleinigkeit explodieren. Deshalb will Jesus uns von unserem Ärger befreien. Aber das kann er nur, wenn wir unsere Gefühle vor uns selbst und vor ihm eingestehen.

Sage Jesus die Wahrheit. „Jesus, ich bin so ärgerlich (oder verletzt oder wütend usw.). Ich bin ärgerlich auf .... wegen .... Das kann ich nicht tragen. Deshalb gebe ich dir diesen Ärger. Bitte trage ihn für mich. Fülle mich an mit deinem Frieden und gib mir deine Vergebung für ihn oder sie."

In der Bibel steht, daß wir alle unsere Sorgen und Ängste auf Jesus legen sollen (1. Petrus 5,7). Wir versuchen das meistens auch. Aber oft holen wir, ohne daß uns das unbedingt bewußt ist, die Sorgen anschließend zurück und tragen sie wieder selbst. Wie können wir es schaffen, unsere Ängste bei Jesus zu lassen? Ich will erzählen, wie es mir einmal damit erging und welch schwerer Kampf es für mich war, in einem bestimmten Punkt meine Denkgewohnheiten zu durchbrechen und meine Sorgen bei Jesus zu lassen.

Bevor ich als Missionarin nach Kolumbien ging, verlor ich innerhalb eines Jahres drei Familienangehörige: meinen Vater, meine Mutter und einen Schwager, der meine Schwester mit sieben Kindern zwischen zwei und elf Jahren zurückließ.

Als ich die USA verließ und nach Costa Rica ging, um Spanisch zu lernen, mußte ich meine beiden wertvollsten Besitztümer verkaufen, mein Auto und meine Orgel, und auch noch von meiner Heimat Abschied nehmen. Ich wußte, wenn ich in drei Jahren zurückkehrte, würde ich kein Zuhause mehr vorfinden. Meine jüngste Schwester hatte geheiratet, und das Haus, in dem wir nach dem Tod meiner Eltern zusammen gelebt hatten, wurde nun von meiner verwitweten Schwester und ihren sieben Kindern bewohnt. Und die Häuser meiner anderen Geschwister waren mit ihren Kindern belegt. Nirgends war Platz für mich.

Aber Gott hatte mir ein Versprechen gegeben. Er hatte mir zugesagt: „Es ist niemand, der Haus oder Frau oder Brüder oder Eltern oder Kinder verläßt um des Reiches Gottes willen, der es nicht vielfach wieder empfange in dieser Zeit und in der zukünftigen Welt das ewige Leben“ (Lukas 18,29.30).

Ich dachte: „Daß ich ewiges Leben empfangen werde, verstehe ich. Aber daß du, Gott, mir in diesem Leben Vater und Mutter und Kinder und Haus wiedergeben willst, das kann ich nicht verstehen.“ Ich fühlte mich vollkommen verlassen.

So ging ich nach Costa Rica, und dort begegnete ich Karl, der sich, wie ich, auf den Missionsdienst vorbereitete. Später heirateten wir und gingen zusammen nach Kolumbien. Nun hatte ich ein Heim und einen Mann und neue Eltern, und bald kamen auch unsere zwei Kinder dazu. Gott hatte sein Versprechen eingelöst.

Dennoch hatte ich ein schweres Problem. Mußte ich zu Hause bleiben, wenn Karl zu anderen Missionsposten reiste, dann wanderte ich voller Unruhe von einem Zimmer ins andere und betete: „O Gott, bewahre meinen Mann. Bitte, bewahre ihn. Ich möchte ihn nicht verlieren.“

Ich befürchtete, wieder jenen Schmerz zu erleben, den ich empfunden hatte, als meine Eltern starben, und dieselbe Pein zu erleiden wie meine Schwester, als sie ihren Mann verlor.

Gott war sehr freundlich zu mir. Immer, wenn Karl wegfahren mußte, gab er mir das Versprechen: „Ich werde ihn bewahren. Ich will ihn sicher zu dir zurückbringen.“

„Herr, ich glaube deinem Versprechen“, betete ich, „hilf meinem Unglauben.“ Ich konnte einfach nicht darauf vertrauen, daß mein Mann sicher zurückkommen würde.

Über Jahre ging das so. Immer wieder las ich in der Zeitung Berichte über schwere Busunfälle. Schließlich hatte ich in meinem Kopf eine Ansammlung von schrecklichen Informationen, die meine Angst nur noch vergrößerte. Das dauerte so lange, bis unsere beiden Kinder älter wurden und meine Angst wahrzunehmen begannen.

Eines Tages, wir lebten damals in Pasto im Südwesten von Kolumbien, mußte Karl nach Tumaco fahren, um dort einige Gläubige zu taufen. Die Straße von Pasto nach Tumaco führte von den hohen Bergen der Anden bis in die Küstenebene. Eine Stelle war besonders berüchtigt: die „Nariz del Diablo“, die Teufelsnase.

Dort schlängelte sich die schmale, ungeteerte Straße ohne jegliche Begrenzung an der äußersten Kante eines 300 Meter tiefen Abgrundes entlang. Nur ein einziger Felsblock an der schärfsten Kurve bot etwas Schutz. Viele Busse waren schon an dieser gefährlichen Stelle in den Abgrund gestürzt. Ich bestürmte Gott im Gebet, er möge uns das Geld für eine Flugkarte schicken. Aber wir bekamen kein Geld, und mein Manbn mußte mit dem Bus reisen.

Bevor er abfuhr, beteten wir für ihn um den Schutz des Herrn. Wieder gab Gott mir das Versprechen: „Ich werde ihn bewahren. Ich will ihn dort segnen und ihn sicher wieder nach Hause bringen. Mach dir keine Sorgen."

Karl fuhr ab, und ich begann mit meiner gewohnten Wanderung durch unsere Wohnung. Ich rang meine Hände und betete: „O Herr, ich glaube deinem Versprechen. Ich glaube ihm wirklich aber bitte, hilf meinem Unglauben."

An diesem Tag unterbrach Gott mich und sagte: „Arline, ich habe versprochen, daß ich deinen Mann bewahren will, daß ich ihn segnen und ihn sicher zurückbringen werde. Du kannst dir überlegen, ob du es glauben willst oder nicht. Ich meinerseits habe dir ein Versprechen gegeben, und ich werde es auch halten, ob du es glaubst oder nicht. Du kannst wählen, was du tun willst. Du kannst dich entschließen, mir zu glauben und ruhig und zuversichtlich zu sein. Oder du kannst dich wie gewohnt verhalten und so deinen Kindern den Eindruck vermitteln, daß sie mir nicht vertrauen können. Es ist deine Entscheidung."

Ich hatte mir immer vorgestellt, daß Glaube irgend etwas sei, das über den Menschen kommt, so etwas wie eine große, energiegeladene, weiche Wolke; etwas, das jemand erst nicht hat, dann aber wunderbarerweise bekommt. Wenn das geschah, dann konnte man plötzlich glauben, und man hatte keine Probleme mehr damit, Gott zu vertrauen.

Gott lehrte mich an diesem Tag, daß Glaube eine Entscheidung ist, die ich treffen mußte. Er zeigte mir, daß Glaube der Entschluß war, seinem Versprechen mehr zu vertrauen als meinen Gefühlen.

An diesem Tag entschloß ich mich, meine Ängste auf Jesus zu werfen. „Ich will glauben. Das ist meine Entscheidung. Es stimmt, daß dein Versprechen keinen Einfluß auf meine Gefühle hat. Ich habe noch immer Angst, daß Karl stirbt und mich mit den beiden kleinen Kindern allein zurückläßt. Aber du hast mir ein Versprechen gegeben, und jetzt entscheide ich mich, dir mehr zu glauben als meinen Gefühlen. Alle meine Angstgefühle werfe ich auf dich."

Plötzlich fühlte ich mich so entspannt, so frei, so erleichtert – fünf Minuten lang. Dann aber kamen meine schrecklichen Gedanken und Ängste mit aller Macht wieder zurück.

Wieder betete ich: „Jesus, ich wähle, deinem Versprechen mehr zu glauben als dem, was meine Gefühle mir sagen. Ich werfe alle meine Ängste auf dich."

Und wieder fühlte ich mich frei und entspannt – für weitere fünf Minuten. Den ganzen Tag über mußte ich dabei bleiben, diese Ängste auf den Herrn zu legen. Am Abend konnte ich schon ungefähr eine Viertelstunde lang ruhig bleiben. Und am nächsten Morgen mußte ich wieder von vorn anfangen. Ich hatte ein verhängnisvolles Denkmuster entwickelt.

Als Karl zurückkam, war ich so weit fortgeschritten, daß ich für fast zwanzig Minuten ruhig bleiben konnte. Karl hatte die Gläubigen in Tumaco getauft und war darüber unbeschreiblich glücklich.

Aber Gott wollte mir noch eine weitere Lehre erteilen. Am nächsten Tag lasen wir in der Zeitung, daß jenes Flugzeug, um das ich für Karl so sehr gebetet hatte, abgestürzt war. Alle Passagiere waren umgekommen. Gott hatte nicht so auf mein Gebet geantwortet, wie ich mir das vorgestellt hatte, aber er hatte meinen Wunsch erfüllt, daß er meinen Mann bewahren möge.

Trotz dieser Erfahrung hatte ich meine alte Denkgewohnheit noch nicht völlig überwunden. Etwa fünf Jahre mußte ich noch dagegen ankämpfen, bis ich schließlich ganz ruhig bleiben konnte, wenn Karl alleine wegfuhr.

Gott zeigte mir, daß er mich wirklich geheilt hatte, als mein Mann bei einem Heimataufenthalt in Deutschland einen so schweren Autounfall hatte, daß er dabei hätte sterben können. Mit einer Gehirnerschütterung kam er ins Krankenhaus. Ich mußte mit unseren Kindern über das sprechen, was passiert war, und blieb dabei innerlich vollkommen ruhig.

Einige Wochen später erzählte ich in Karls Gegenwart von

dieser Erfahrung. Als wir wieder allein waren, rief er aus: „Deshalb warst du so unerschütterlich! Du warst so ruhig, daß es mir vorkam, als ob der Unfall dir überhaupt nichts ausmache." Gott hatte mich wirklich geheilt.

Auch deine Denkmuster kann Gott verändern, genauso, wie er es bei mir machte, obwohl sie sich sehr tief im mir festgesetzt hatten. Jesus hat deine traumatischen Erlebnisse auf sich genommen. Nun erlaube ihm auch, deine Denkgewohnheiten zu verwandeln.

In Versuchung und Anfechtung bestehen

Wer hat sich nicht schon einmal die Fragen gestellt: „Wenn Gott mich so sehr liebt, warum läßt er mich dann in solchen Schwierigkeiten stecken? Warum holt er mich nicht aus dieser Versuchung heraus? Warum muß ich durch so viele Anfechtungen gehen? Warum tut er nichts, um mir zu helfen?"

Ich muß weit ausholen, um Gottes Handeln an uns verständlich zu machen. Als Gott uns Menschen schuf, waren wir dazu ausersehen, im Paradies zu leben. Sein ursprünglicher Plan war, daß du und ich in einer Atmosphäre leben sollten, in der es nur Freude, Liebe, Zufriedenheit, Verständnis, Kameradschaft usw. gab. Er begabte uns mit den Kräften und Fähigkeiten, die wir brauchten, um in dieser Umgebung zu leben.

Gott hatte nicht vorgehabt, uns in einer Umwelt leben zu lassen, wie wir sie heute kennen: geprägt von Haß und Streit, von Katastrophen und Tragödien. Im tiefsten Inneren wissen wir das und sehnen uns nach solch einem paradiesischen Ort und nach enger Gemeinschaft mit Gott.

Nun wählten die ersten Menschen allerdings, als sie den Einflüsterungen des Satans folgten, das Leben außerhalb des Paradieses. Die menschliche Rasse fiel in Sünde. Seither leben wir nicht mehr in unserem natürlichen Lebensraum.

Als Gott die Welt schuf, gab er den Vögeln die Fähigkeit, in den Bäumen zu leben, und den Fischen die Fähigkeit, im Wasser zu leben. Aber wir sind wie Vögel, die im Wasser leben müssen, oder wie Fische auf den Bäumen. Wir haben nicht die Fähigkeiten, die wir brauchten, um in einer Welt wie der unsrigen zurechtzukommen. Ist es dann ein Wunder, daß wir unter zu hohem Blutdruck oder unter Magengeschwüren leiden?

Wenn ein Vogel im Wasser leben wollte, dann brauchte er immer ein kleines bißchen Luft um sich herum, um am Leben zu bleiben. Wenn ein Fisch auf dem Baum leben will, dann braucht er ein Gefäß mit Wasser um sich herum. Wenn wir als Menschen in unserer Welt heil und gesund bleiben wollen, dann brauchen wir ein kleines Stück vom Paradies in uns, wo Frieden und Liebe regieren.

Gott hätte unser Dilemma nicht bekümmern müssen. Er hätte sagen können: „Ihr habt es selber so gewollt. Nun seht auch zu, wie ihr damit fertig werdet!“ Aber so handelte Gott nicht.

Er sandte seinen Sohn Jesus Christus zu uns und rettete uns durch ihn. Jesus hat versprochen, daß er am Ende der Zeiten wiederkommen und uns dann in unseren ursprünglichen Lebensraum zurückbringen will. Alles Böse wird er dann wegnehmen. Und bis das geschieht, will er uns zur Seite sein und unsere Lasten, unseren Schmerz, unsere seelischen Erschütterungen und unsere Sorgen tragen, um uns so dieses bißchen vom Paradies zu geben, das wir alle so verzweifelt nötig haben. Gott ist noch viel trauriger über unsere Lage als wir selbst. Er hat nicht gewollt, daß wir derart leiden.

Wenn das so ist, wie sollen wir uns dann verhalten, wenn wir mit Schwierigkeiten und Versuchungen konfrontiert werden? Und wie können wir andere Menschen in ihrem Leid trösten?

Trösten und getröstet werden

Der Trost, den Gott geben will, unterscheidet sich ganz wesentlich von dem, was unter uns vielfach an unbedachten „Trostworten“ weitergegeben wird. Wie schnell sagt man: „Sei geduldig!“ Und wir sollen ja auch wirklich geduldig sein. Aber gewöhnlich kann uns keiner erklären, wie wir Geduld verwirklichen können. Wir sagen: „Habe Glauben!“ Aber was ist Glaube in einer scheinbar ausweglosen Situation? Wir sagen: „Bete!“ Aber das hat derjenige meist schon längst getan, und es hat sich nichts geändert. Wir sagen: „Danke Gott für alles!“ Aber Gott sagt: „Seid dankbar in allen Dingen“ (1. Thessalonicher 5, 18). Gott *für* jede Lage zu danken ist etwas ganz anderes, als Gott *in* jeder Lage zu danken.

Ich gab im Bibelseminar gerade einen Kursus über geistige Hygiene, als wir erfuhren, daß der Vater eines Studenten umgebracht worden war. Sein Schwager hatte ihm im Drogenrausch ein Messer in den Leib gestoßen.

„Was sollen wir David jetzt sagen?“ fragte ich die Studenten. „Sollte er Gott für das alles danken? Sollte er Gott dafür danken, daß der Schwager seinen Vater umgebracht und ihn und seine sechs jüngeren Geschwister vaterlos gemacht hat?“ Wie entsetzlich wäre das gewesen! Aber manchmal sagen wir das tatsächlich, wenn wir einen Mitchristen „trösten“ wollen. Josefina erging es so.

Josefina

Josefinas Mann war ermordet worden, und sie stand mit sechs kleinen Kindern allein da. Bei der Beerdigung schrie sie: „Gott, was du mir angetan hast, ist nicht richtig! Was soll ich mit diesen Kindern machen? Wie soll ich sie satt kriegen? Wie soll ich sie erziehen? Du bist ungerecht, Gott!“

Ihre Freunde eilten zu ihr, um sie zu trösten. „Still!“ sagten sie. „Du darfst Gott doch nicht so etwas sagen! Gott ist nie ungerecht! Du mußt Gott für jede Lebenslage danken. Danke Gott, daß dein Mann gestorben ist und daß er nun beim Herrn ist.“

Sie brachten Josefina tatsächlich soweit, dafür zu danken, daß ihr Mann sterben durfte und nun bei Gott war. Aber drei Monate später wurde sie mit einem Nervenzusammenbruch in eine psychiatrische Klinik eingeliefert.

Jesus hat nie auf diese Weise getröstet. Obwohl er wußte, daß er innerhalb der nächsten Minuten Lazarus wieder zum Leben erwecken würde, schalt er Maria und Martha nicht dafür, daß sie ihren Kummer zeigten. Er sagte nicht: „Dankt Gott dafür, daß Lazarus gestorben ist.“ Jesus stellte sich mit hinein in ihren Kummer und weinte mit ihnen.

Wie hätte Josefina in ihrer schrecklichen Situation Gott danken können? Für alles zu danken, ist etwas ganz anderes, als in jeder Lage Dank zu sagen. Josefina hätte weiter zu Gott schreien sollen, was sie fühlte: „Gott, das ist nicht richtig, was du mit mir machst. Was du getan hast, ist ungerecht. Wie soll ich nun meine Kinder versorgen?“

Sie hätte das herausschreien sollen mit all dem Schmerz und der Verwirrung, die sie fühlte. Diejenigen, die sie trösteten, hätten sie ermutigen sollen, indem sie ihr sagten: „Ja, das stimmt. Es sieht wirklich so aus, als ob Gott ungerecht ist. Du fühlst dich ungerecht behandelt. Sag ihm das. Sprich zu ihm über all den Schmerz, den du fühlst.“

Josefina hätte weiter schreien sollen: „Herr, ich weiß nicht, was du mit mir tun willst. Es sieht alles so völlig hoffnungslos aus. Ich weiß nicht, wie es nun weitergehen soll. Ich kann nicht glauben, daß du überhaupt für alles sorgen kannst, was wir brauchen. Ich habe kein bißchen Glauben mehr. Aber Herr, du hast gesagt, daß wir den Glauben Gottes haben sollen. Ich habe diesen Glauben nicht. Ich will mich für dich öffnen, damit du deinen Glauben in mich hineinlegen kannst. Gott, obwohl ich dich nicht sehen oder fühlen kann, will ich dir danken, daß du immer noch mein Vater bist und meine Situation in der Hand hast. Ich danke dir, daß du mir versprochen hast, mich nicht allein zu lassen, auch wenn ich jetzt das Gefühl habe, daß du mich verlassen hast. Ich will dir danken, daß du einen Weg für mich finden wirst, obwohl ich selbst im Augenblick keinen Ausweg sehe. Ich will akzeptieren, daß du uns irgendwie versorgen wirst, auch wenn mir das im Augenblick unmöglich erscheint.“

Auf diese Weise hätte Josefina all ihren Schmerz und ihre Verwirrung äußern und doch Gott in ihrer Situation danken können, und ihr Glaube wäre dadurch gewachsen. Später hätte sie dann zurückschauen und Gott dafür danken können, daß sie mitten in ihrer schrecklichen Lage seine Liebe und Fürsorge erfahren hatte.

Wir sollten niemals jemandem verbieten, seinem Schmerz Ausdruck zu geben. Jesus hat, als er auf dieser Erde lebte, mit den Weinenden geweint, und wir sollen dasselbe tun.

Es gibt noch mehr gedankenlose Redensarten, mit denen man versucht, andere zu trösten. Zum Beispiel: „Sieh doch mal deinen Nachbarn an oder meinen Freund. Ihre Lage ist viel schlimmer als deine. Was du da hast, ist ja wohl kein Problem! Reiß dich gefälligst zusammen und hör auf, dich zu beklagen!"

Aber das hilft keinem. Wenn jemand in einer Anfechtung steckt, dann ist sein Himmel von Horizont zu Horizont mit den Wolken seiner Probleme verdunkelt. Er sieht keinen Ausweg. Zu wissen, daß sein Nachbar noch größere Schwierigkeiten hat, macht seine Lage nicht erträglicher. Er wird sich höchstens noch zusätzlich schuldig fühlen, weil er sich selbst und seine Probleme zu wichtig nimmt, und sich die Last der Schwierigkeiten anderer noch zusätzlich aufladen. Statt ihm zu helfen, haben wir ihn dann mit zweifachen Problemen beladen.

Niemand kann beurteilen, wie dick die Wolken bei jemandem sind, der unter einem wolkenverdunkelten Himmel lebt. Bei einem mögen diese Wolken, die seinen Himmel verdecken, sehr dick sein, bei einem anderen sind sie vielleicht dünner. Aber für beide ist ihr Himmel von Horizont zu Horizont verdunkelt. Sie können beide keinen Ausweg erkennen. Wir vergrößern nur ihren Schmerz und verdunkeln ihre Wolken noch mehr, wenn wir sie auch noch mit Schuldgefühlen darüber belasten, nicht an anderer Leute Probleme zu denken.

Manchmal versuchen wir auch, jemanden zu trösten, indem wir ihm sagen: „Mach dir keine Sorgen. Gott prüft dich nur, um zu sehen, wie stark du bist." Aber macht Gott das wirklich?

In unserer Kirche in Nordkolumbien wollten wir eines Abends gerade unsere Gebetsstunde beginnen, als wir die Nachricht erhielten, daß einer Gemeindefamilie das Haus abgebrannt war. Nur mit dem, was sie auf dem Leibe trugen, waren sie selbst dem Feuer entkommen.

Liliana, eine andere Frau aus unserer Gemeinde, ging mit mir zu dem Haus, wo die Familie Unterschlupf gefunden hatte. Kaum waren wir eingetreten, da sprudelte Liliana auch schon los: „Das ist nur Gottes Art herauszufinden, ob ihr ihn wirklich liebt. Macht euch keine Sorgen, es ist nur eine Anfechtung. Er will nur sehen, wie stark ihr seid und ob ihr ihn mehr liebt als all die materiellen

Dinge. Es ist nur eine Prüfung. Wenn ihr die besteht, wird er wissen, ob ihr ihn liebt ..."

Jene arme Frau, die alles verloren hatte, was sie besaß, stand ganz benommen da. Liliana machte mit ihrem „Trost" den Schmerz dieser Frau nur noch schlimmer. Da ging ich zu ihr hin und nahm sie in die Arme. Sie legte ihren Kopf auf meine Schulter und weinte und weinte. Das war es, was sie brauchte. Sie mußte ihren Schmerz und ihre Verwirrung hinausweinen können. Wir nahmen dann die Familie mit zu uns nach Hause, um sie mit Essen und Kleidung zu versorgen und eine neue Bleibe für sie zu suchen.

Führt Gott uns wirklich, wie Liliana das sagte, in Anfechtungen und Versuchungen, um herauszufinden, ob unsere Liebe zu ihm echt ist? Wir wollen im nächsten Kapitel näher auf diese Frage eingehen.

Kapitel 10: Das Leben, das Gott gebrauchen kann

Warum müssen wir Anfechtungen und Versuchungen erleiden? Was hat Gott da mit uns vor? Führt er uns wirklich in Versuchungen und Anfechtungen, um herauszufinden, ob wir stark genug sind, ihnen zu widerstehen?

In 1. Korinther 10, 13 wird gesagt: „Es hat euch nur menschliche Versuchung getroffen. Aber Gott ist treu, der euch nicht versuchen läßt über eure Kraft, sondern macht, daß die Versuchung so ein Ende nimmt, daß ihr's ertragen könnt."

Dieser Vers sagt nicht: „Gott ist treu. Er wird euch nur versuchen lassen, um zu sehen, was ihr ertragen könnt." Denn Gott weiß schon vorher, wie stark jemand ist. Weiß er nicht alle Dinge? Sollte er es nötig haben, uns zu prüfen, um herauszufinden, was wir

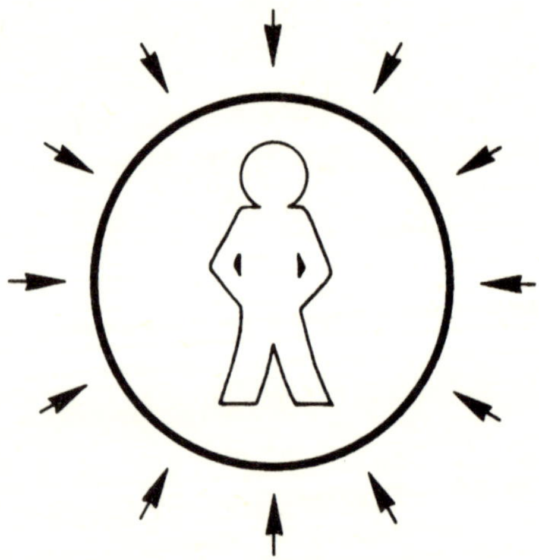

Hiob, umgeben von Gottes Schutzwall, wird von Satan angegriffen

alles bewältigen? Natürlich nicht. Wir selbst allerdings haben kaum eine Vorstellung davon, wie stark wir sind in ihm.

Im Buch Hiob wird erzählt, wie Satan vor Gott erschien. Gott fragte ihn: „Hast du meinen Knecht Hiob gesehen? Er ist wirklich ein frommer Mann."

„Kein Wunder", erwiderte Satan, „du hast ja auch einen Schutzwall gemacht um ihn und seine Familie und alles, was er besitzt!"

Daraus geht hervor, daß Satan Hiob schon vorher in Versuchung führen und ihn dazu bringen wollte, Gott abzusagen. Er versuchte, Hiob mit Anfechtungen und Schwierigkeiten zu überhäufen. Doch ohne Erfolg. Immer, wenn Satan sich ihm nahen wollte, prallte er ab an dem Schutzwall, den Gott rund um Hiob gebildet hatte. Satan konnte Hiob einfach nicht erreichen.

Wir können das so darstellen, wie es die Skizze auf der vorhergehenden Seite zeigt.

Satan sagte also zu Gott: „Kein Wunder, daß Hiob dir dient! Du läßt mich ja auch nicht an ihn herankommen. Ich kann ihn nicht einmal berühren!"

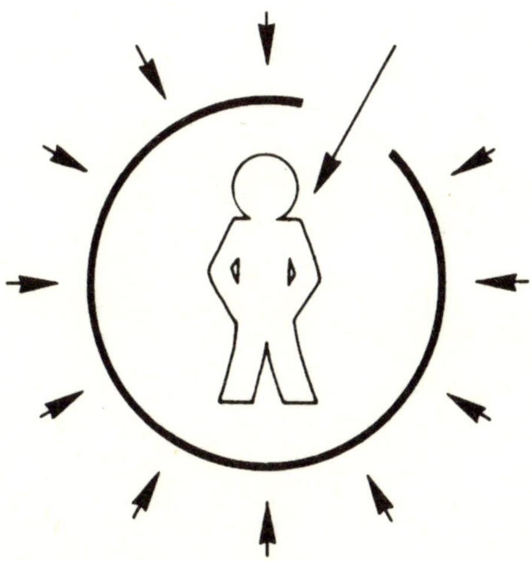

Hiob wird durch eine Bresche in Gottes Schutzwall von Satan angegriffen

Gott antwortete: „Gut. Ich werde eine Bresche in dem Schutzwall öffnen. Alles, was er besitzt, ist in deiner Hand. Aber du darfst Hiob selbst nicht antasten."

Gott wußte, wie stark Hiob war, und bemaß danach die Versuchung, die er zuließ. Satan konnte alles zerstören, was Hiob gehörte, aber er durfte seine Person nicht antasten.

Später erschien Satan noch einmal vor Gott. „Sieh, was du meinem Knecht Hiob angetan hast! Und er hat doch nicht gesündigt", sagte Gott zu ihm.

„Haut um Haut!" antwortete Satan. „Alles, was ein Mann hat, gibt er für sein Leben" (Hiob 2,4).

„Gut", sagte Gott. „Er ist in deiner Hand. Aber du darfst ihn nicht töten."

Durch den ersten Angriff Satans war Hiob stärker geworden. Gott wußte das genau, und deshalb öffnete er eine weitere Bresche in seinem Schutzwall. Satan durfte nun Hiobs Körper antasten, aber er durfte ihm nicht das Leben nehmen. Auch diese neue Versuchung war genau nach der Kraft Hiobs bemessen.

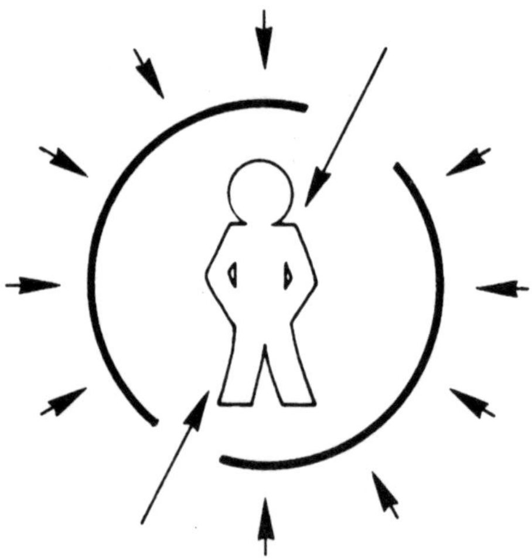

Die zweite Bresche
in Gottes Schutzwall um Hiob

Wenn es Satan schon beim ersten Mal erlaubt gewesen wäre, Hiobs Gesundheit anzugreifen, dann hätte Hiob das möglicherweise nicht verkraftet. Bei der zweiten Versuchung aber war er so stark geworden, daß Gott es nun gestattete. Gott wußte genau, wie stark Hiob war.

Es ist offensichtlich, daß Satan Hiob zugrunde richten wollte. Aber Gott hatte andere Ziele. Solange Hiob bei Gott blieb, konnte nichts ihn berühren, das Gott nicht zu seinem Zweck zuließ.

Dasselbe gilt für uns. Solange wir in Gemeinschaft mit Gott und nach seinem Plan für uns leben, sind wir vollkommen sicher. Nichts kann uns geschehen, das Gott nicht nutzen kann, um seine Ziele für unser Leben zu erreichen. Aber wehe uns, wenn wir uns außerhalb seines Willens und Schutzes begeben. Dann kann Satan uns mit jeder beliebigen Anfechtung und Versuchung entgegentreten. Sein Ziel ist, uns zugrundezurichten. Wenn wir uns außerhalb von Gottes Schutz befinden, kann es sein, daß wir den Angriffen Satans nicht widerstehen können.

Solange wir nach Gottes Willen leben, zeigt uns schon die bloße

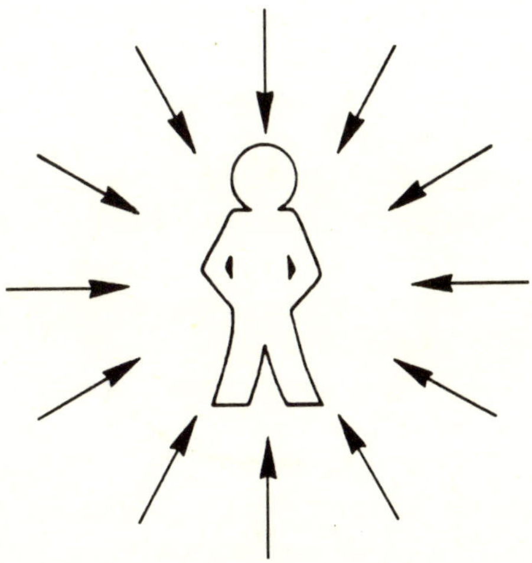

Jemand, der außerhalb von Gottes Willen und Schutzwall lebt, wird von Satan angegriffen

Tatsache, daß wir Anfechtungen oder Versuchungen durchmachen, daß wir auch fähig sind, zu widerstehen. Gott hätte die Anfechtung nicht zugelassen, hätten wir nicht die Kraft, sie zu ertragen.

1. Korinther 10,13 sagt uns, daß Gott treu ist. Er läßt nicht zu, daß wir über unsere Tragkraft hinaus versucht werden. Wenn wir in Versuchung kommen, will er uns auch einen Ausweg zeigen. Das Problem ist nur, daß wir dann, wenn wir in einer Anfechtung oder Versuchung stecken, nur noch damit beschäftigt sind, zu Gott zu schreien, er möge uns von unseren Problemen befreien. Und darüber vergessen wir ganz, ihn nach seinem Ausweg zu fragen. Gott hat immer einen Ausweg für uns bereit. Aber Satan achtet darauf, daß dieser Ausweg so gut verborgen ist, daß wir ihn nicht so leicht erkennen.

Wie oft flehen wir Gott an: „Gott, hole mich aus dieser Anfechtung heraus. Nimm diese Versuchung weg!" Aber in Jakobus 1, 2.12 steht: „Meine lieben Brüder, erachtet es für lauter Freude, wenn ihr in mancherlei Anfechtung fallt. Selig ist der Mann, der die Anfechtung erduldet; denn nachdem er bewährt ist, wird er die Krone des Lebens empfangen."

Gott sagt uns hier, daß wir auch Schwierigkeiten mit großer Freude annehmen sollen. Das ist genau das Gegenteil von dem, was wir normalerweise tun. Wenn wir nun beten: „Gott, nimm dieses Problem weg", dann sagen wir gemäß Vers 12: „Gott, nimm die Krone meines Lebens weg. Es geht mir nur darum, jetzt in Frieden zu leben. Was dann später kommt, ist mir egal." Denn nur, wenn wir die Versuchung überwunden haben, werden wir die Krone des Lebens empfangen. Wir müssen uns fragen, was uns wichtiger ist: Für alle Ewigkeit die Krone des Lebens zu tragen oder jetzt ein paar Stunden Ruhe zu genießen.

Was wir zu Gott schreien sollten, wenn wir mitten in einer Prüfung stecken, ist dies:

„Gott, diese Versuchung kommt mir so groß und schwer vor, daß ich das Gefühl habe, ich kann sie nicht durchstehen. Ich kann keinen Ausweg erkennen. Aber du hast versprochen, mich nicht über meine Tragkraft hinaus versuchen zu lassen. Du hast versprochen, daß es einen Ausweg gibt. Bitte, gib mir deine Kraft und zeig mir deinen Ausweg."

Meine Mutter erzählte mir, daß ich als kleines Mädchen immer zu ihr hinlief und mich an ihren Knien festklammerte, wenn sie mich bestrafen wollte. Auf diese Weise war ich so nah bei ihr, daß sie mich nicht fest schlagen konnte. Ich mußte wenigstens ein kleines Stück von ihr entfernt stehen, wenn ihr Klaps für mich überhaupt spürbar sein sollte. Ich wußte natürlich nichts von diesem Zusammenhang. Ich wußte nur, daß die Schläge nicht so weh taten, wenn ich mich an meiner Mutter festklammerte.

Wenn wir durch Prüfungen gehen, neigen wir dazu, vor Gott und dem Schmerz wegzulaufen. Wir sollten lernen, statt dessen zu Gott hinzulaufen, uns an ihm ganz festzuhalten und ihn unseren Schmerz tragen zu lassen. Nichts kann uns antasten, das nicht zuvor von ihm genau bemessen worden ist.

Wir mögen uns fragen: „Aber wenn Gott von vornherein weiß, daß ich stark genug bin, um die Prüfung durchzustehen, warum muß dann auch noch ich selbst wissen, wie stark ich bin? Warum kann ich nicht einfach in Frieden leben? Was will Gott da mit mir machen?“ An einer kleinen Geschichte soll das deutlich werden.

Der Papagei

Ein Jäger fing einmal im Urwald einen wilden Papagei und brachte ihn zu seinem Freund in die Stadt. Der sperrte den Vogel in einen großen Drahtkäfig, der an einer Wand in seinem Hof stand. Der Papagei flog gegen das Gitter des Käfigs und fiel zu Boden. Wieder und wieder versuchte er, auf diese Weise zu entkommen.

Schließlich sagte der Jäger zu seinem Freund, er solle den Papagei besser im Käfig anketten, sonst würde er sich noch selbst umbringen. So wurde also der Vogel an eine hölzerne Sitzstange im Käfig angekettet. Wieder versuchte er aufzufliegen. Aber er kam nur so weit, wie die Kette reichte, und dann fiel er. Er versuchte es so lange, bis er endlich merkte, daß er nicht entkommen konnte. Da setzte er sich auf die Sitzstange und fand sich mit seinem Schicksal ab.

So wurde der Papagei gezähmt, und als der Jäger eines Tages wieder zu Besuch kam, nahm er ihm die Kette wieder ab. Der Vogel merkte gar nicht, daß er nun frei war. Er hatte sich mit seiner Zwangslage abgefunden und versuchte nicht mehr zu entkommen.

Eines Tages nun ließen Kinder die Käfigtür offenstehen, und eine Katze schlich sich hinein. Der Papagei meinte, er sei noch angekettet und rührte sich nicht von seiner Sitzstange. Die Katze sprang hinauf, packte den Vogel und fraß ihn auf.

Der Käfig war so groß, daß der Papagei hätte auffliegen, aus der Tür entwischen und so sein Leben retten können. Aber weil er glaubte, noch immer gefesselt zu sein, blieb er auf seiner Sitzstange und ließ sich von der Katze auffressen.

Wenn nun jemand vor diesem Vorfall den Papagei immer wieder mit einem Stock von seiner Sitzstange gestoßen hätte, dann hätte der Vogel wohl denken mögen: „Laß mich in Frieden! Warum mußt du mich quälen? Ist meine Lage nicht schon schlimm genug? Ich wurde aus meiner Heimat und aus der Freiheit entführt und in diesen Käfig gesperrt, und nun schlägst du mich auch noch zu Boden!"

Doch trotz all seiner Klagen würde er langsam begriffen haben, daß er von der Kette frei war, und er würde seine Flügel wieder gebraucht haben. Wenn dann die Katze in seinen Käfig gekommen wäre, hätte er durch die Tür fliegen und so sein Leben retten können.

Unser Verhalten gleicht oft dem des Papageis. Satan hat uns in Ketten gelegt, und wir wissen aus Erfahrung, daß wir gegen ihn machtlos sind. Aber Gott befreit uns von den Fesseln und läßt uns durch unterschiedliche Erfahrungen immer mehr wachsen, bis er sieht, daß wir stark geworden sind und frei von unseren Schwächen und unserem Versagen. Wir selbst allerdings merken wenig davon. Wir meinen, noch immer gebunden zu sein und denken, wir seien unfähig, schwierige Situationen durchzustehen.

Dann läßt Gott eine Anfechtung oder eine Prüfung zu. Wir schreien: „O Gott, hole mich aus dieser Anfechtung heraus! Sie bringt mich um. Habe ich nicht schon genug Probleme? Bitte, befreie mich. Ich halte es nicht aus!"

Aber Gott tut nichts.

Wieder schreien wir auf: „Gott, warum behandelst du mich so? Bitte, hol mich da heraus!"

Doch Gott gestattet, daß die Prüfung fortdauert. Nach und nach entdecken wir dann mitten in den Problemen unsere „Flügel des Glaubens“ und fangen an, sie zu gebrauchen. Durch den Glauben erheben wir uns zum Sieg. Wenn wir erfahren haben, daß wir mitten in der Anfechtung siegreich leben können, lösen sich die Schwierigkeiten oft ganz plötzlich.

Nun erkennen wir, daß wir diese Art von Versuchung nie mehr zu fürchten brauchen, weil wir den Weg zum Sieg entdeckt haben. Wir sind frei. Wenn alles vorbei ist, schauen wir zurück und sagen: „Gott, ich danke dir für diese Erfahrung. Ich möchte nicht noch einmal hindurchgehen, aber ich danke dir für das, was ich dabei gelernt habe.“

In Gottes Privatschule

Als Gott meine Aufmerksamkeit auf die Verse 2. Korinther 1, 3.4 lenkte, ging ich gerade durch eine sehr schwere Zeit. Sieben Wochen vor meinem Krankenpflegeexamen erhielt ich die Nachricht, daß meine Mutter einen Schlaganfall erlitten hatte. Ihre rechte Seite war gelähmt, und sie konnte nicht mehr sprechen. Sobald ich meine Ausbildung abgeschlossen hatte, mußte ich nach Hause zurückkehren, um für sie zu sorgen. Ich hatte eigentlich zum College gehen und mich auf den Missionsdienst vorbereiten wollen. Nun mußte ich zu Hause bleiben und – soweit ich das voraussehen konnte – dort für viele Jahre dahinvegetieren.

Meine Mutter war völlig hilflos. Wie ein kleines Kind mußte sie von meiner jüngeren Schwester und mir versorgt werden. Ihre einzige Möglichkeit, sich mit uns zu verständigen, bestand darin, die Zunge aus dem Mund zu strecken, wenn sie ja meinte, und nicht herauszustrecken, wenn sie nein sagen wollte. Später konnte sie nicht einmal mehr das tun. Dann sagten wir ihr, sie solle tief einatmen, wenn sie ja sagen wollte, und normal weiteratmen, wenn sie nein meinte. So sorgten wir über drei Jahre für sie.

Während dieser Zeit erkrankte ich schwer an rheumatischem Fieber. Ein halbes Jahr lang mußte ich im selben Zimmer wie meine Mutter das Bett hüten. Weil der Arzt einen Herzschaden befürchtete, sollte ich nicht einmal meine Beine über die Bettkante hängen. Trotzdem mußte ich in den Nächten aufstehen und für meine Mutter sorgen, weil meine Schwester den Schlaf brauchte. Es ist ein Wunder, daß ich keinen bleibenden Herzschaden zurückbehielt.

Zwei Monate nach meiner Genesung erlitt mein Vater seinen ersten Herzinfarkt. Sechs Wochen lang war er bettlägerig. Kurz nachdem sich sein Zustand gebessert hatte, steckten wir uns alle mit einer asiatischen Grippe an. Wir hatten über vierzig Grad Fieber und schrecklichen Husten. Meine Mutter hatte einen Nabelbruch, der jedes Mal heraustrat, wenn sie hustete. Wir versuchten den Bruch mit Pflaster zu verkleben, aber sie war allergisch gegen das Pflaster und bekam einen schlimmen Hautausschlag. So mußte ich also mit meinem hohen Fieber jede Nacht an ihrem Bett wachen, um den Bruch zurückzuhalten, wenn sie hustete.

Und dann, mitten in diesen schweren Tagen, fiel meine Schwester, die Kunststudentin war, auch noch hin und brach sich den rechten Arm. Mit ihrem hohen Fieber und ihrem schweren Husten litt sie unsäglich. Zur selben Zeit stellte sich heraus, daß mein Vater Diabetiker war und deshalb eine besondere Diät brauchte. Schließlich mußte eine meiner älteren Schwestern kommen und uns helfen.

Doch endlich kamen wir aus dieser Krise wieder heraus und hatten zwei Monate Ruhe. Dann hatte mein Vater plötzlich einen zweiten Herzanfall und starb innerhalb von achtundvierzig Stunden. Neun Wochen später starb meine Mutter. Ein halbes Jahr darauf mußte ich zu einer Gallenoperation ins Krankenhaus. Und ein weiteres halbes Jahr danach kam mein Schwager bei einem Verkehrsunfall um. Er hinterließ meine Schwester mit sieben Kindern im Alter zwischen zwei und elf Jahren.

Wir fühlten uns wie Hiob: „Gehe ich nun vorwärts, so ist Gott nicht da; gehe ich zurück, so spüre ich ihn nicht. Ist er zur Linken, so schaue ich ihn nicht; verbirgt er sich zur Rechten, so sehe ich ihn nicht. Er aber kennt meinen Weg gut. Er prüfe mich, so will ich erfunden werden wie das Gold“ (Hiob 23, 8-10).

Mitten in all diesem Schmerz und dieser Verwirrung zeigte Gott mir die Verse in 2. Korinther 1, 3.4: „Gelobt sei Gott, der Vater unseres Herrn Jesus Christus, der Vater der Barmherzigkeit und Gott allen Trostes, der uns tröstet in aller unserer Trübsal, damit wir auch trösten können, die in allerlei Trübsal sind, mit dem Trost, mit dem wir selber getröstet werden von Gott."

Gott gab mir seinen Trost mitten in diesen vier Jahren voller Schmerz und Verwirrung. Ich hatte vorgehabt, nach Abschluß meiner Krankenpflegeausbildung zum College zu gehen, um mich für den Missionsdienst vorzubereiten. Gott nahm mich stattdessen in seine „Privatschule". Dort tröstete er mich und lehrte mich die Lektionen, die ich brauchte, um später andere trösten zu können.

Gott schickt uns nicht seine Engel, um uns zu trösten. Gott schickt uns Menschen, die selbst seinen Trost erfahren haben und diesen Trost an uns weitergeben können.

Was also beabsichtigt Gott, wenn er zuläßt, daß wir durch Prüfungen gehen? Er will uns trösten und uns so zu Werkzeugen machen, die fähig sind, anderen zu dienen. So war es auch bei Eckhard.

Eckhard

Eckhards Sehkraft nahm immer mehr ab. Es war abzusehen, daß er erblinden würde. Schon verschiedene Male hatten Christen mit ihm gebetet. Sie hatten Gott angefleht, seine Augen zu heilen. Aber es zeigte sich keine Besserung. Da sagten sie ihm, wenn er nicht geheilt werde, dann könne das nur daran liegen, daß er nicht genug Glauben habe. Aber niemand konnte ihm sagen, wie er „genug" Glauben bekommen konnte.

„Ich glaube ja, daß Gott mich heilen *kann*. Aber wie soll ich den Glauben bekommen, daß er mich heilen *will*?" fragte er.

Andere meinten, es sei eben Gottes Wille, daß er blind werde.

„Wie sollte Gott, der mich liebt, wollen, daß ich blind werde?" fragte Eckhard mich verzweifelt. „Glaubst du auch, es könne Gottes Wille sein, daß ich für den Rest meines Lebens blind bin und zur Belastung werde für meine Frau und meine Familie? Ich jedenfalls kann einfach nicht glauben, daß Gott, der die Liebe ist, so etwas will."

„Eckhard“, entgegnete ich, „ich bin sicher, daß Gott dich nicht blind bleiben lassen will. Denn nach Gottes ursprünglichem Plan solltest du ja im Paradies leben, wo es keine Krankheit, keine Sünde und keinen Tod gab. Das war Gottes Wille für dich. Gott will nicht, daß du in diesem bedauernswerten Zustand bleibst. Er ist darüber trauriger und unglücklicher, als du selbst es je sein kannst.“

Wir sprachen darüber, wie Gott uns so erschaffen hat, daß wir im Paradies leben konnten. Er gab uns die Fähigkeiten, die wir brauchten, um in dieser heilen Umwelt zu leben. Er gab uns nicht die Kraft, in dieser Welt zu bestehen, so, wie wir sie heute kennen. Wir leben außerhalb unseres natürlichen Lebensraumes – wie Fische in den Bäumen oder wie Vögel im Wasser. Aber das ist nicht Gottes Schuld. Wir haben das selbst so gewollt.

Doch Gott wird uns nicht diesem Schicksal überlassen. Nach Offenbarung 21 und 22 will Gott unseren ursprünglichen Lebensraum wiederherstellen, wenn er einen neuen Himmel und eine neuen Erde schafft. Deshalb konnte ich Eckhard mit aller Bestimmtheit sagen, daß Gott ihm sein Augenlicht wiedergeben werde. Entweder durch ein Wunder jetzt, in diesem Leben, oder später, bei der Neuschöpfung aller Dinge.

„In dieser Zeit, in der du blind bist, Eckhard, ist Jesus an deiner Seite. Er sagt dir in 1. Petrus 5, 7: ‚Alle eure Sorge werft auf ihn; denn er sorgt für euch.‘ Du bist in Sorge, daß du für deine Frau und deine Familie zur Belastung wirst. Und du hast Angst davor, nach allem fragen zu müssen, was du brauchst. Lege diese Sorgen auf Jesus. Er will sie für dich tragen. Er weiß, daß du sie nicht tragen kannst, denn als er dich schuf, hat er dir nicht die Kraft dazu gegeben.

Während du durch diese schreckliche Zeit gehst, öffne dich für den Trost, den Gott für dich bereit hat. Wenn Gott dich getröstet hat, wird er dich zu anderen senden, die durch ähnliche Prüfungen gehen wie du jetzt. Er wird dich dazu gebrauchen, ihnen denselben Trost zu bringen, den du empfangen hast. Das wird dein Leben für Gott in einer Art und in einer Tiefe wertvoll machen, die du nicht kanntest, bevor diese Anfechtung über dich kam. Wie Hiob wirst du Gott kennenlernen, wie du ihn nie zuvor gekannt hast.“

Hiob hat im Gebet Gott gesucht. Er wollte Gott näherkommen. Und am Ende seiner langen Anfechtung bekannte er: „Ich hatte von dir nur vom Hörensagen vernommen; aber nun hat mein Auge dich gesehen“ (Hiob 42, 5).

Das ganze Buch Hiob erzählt die Geschichte von seinen Schwierigkeiten und Anfechtungen und von den vergeblichen Versuchen seiner Freunde, ihn zu trösten. Schließlich endete die Zeit der Prüfung für ihn, und Gott gab ihm zweifach zurück, was Satan ihm genommen hatte. Hiob kannte Gott nun viel besser als vorher. Zuvor hatte er nur von ihm gehört. Nun sah er ihn.

Gott wollte, daß Hiob ihn besser und persönlicher kennenlernte, und deshalb hatte er die Prüfung zugelassen. Und genau danach hatte sich Hiob ja auch gesehnt. Hiob lernte in der Anfechtung, was Gott ihm zeigen wollte.

Wenn man in einer Anfechtung steckt, sieht es oft so aus, als würde diese schwere Zeit nie enden. Es scheint, als müsse man für den Rest seines Lebens diese Bedrängnis aushalten. Aber irgendwann endet die Prüfung. Wenn man erfaßt hat, was Gott einem zeigen wollte, geht die Anfechtung zu Ende, und man hat neue Erkenntnisse und Erfahrungen erlangt. Dann kann man zurückschauen und Gott von ganzem Herzen für das danken, was man gelernt hat.

Als ich jene leidvollen Jahre durchlebte, konnte ich Gott nicht dafür danken. Aber heute, wo ich zurückblicke, danke ich ihm für das, was ich erlitten habe. Ich würde nicht noch einmal eine so schwere Zeit durchmachen wollen. Aber ich danke Gott für das, was ich dabei gelernt habe. Weil ich gelitten habe und von Gott getröstet und versorgt worden bin, kann ich andere verstehen, die leiden, und ich kann sie trösten.

Wenn wir möchten, daß Gott uns gebrauchen kann, dürfen wir nicht vor Prüfungen und Anfechtungen zurückschrecken, denn Gott will immer etwas Bestimmtes damit erreichen. Solange wir bei Gott und in seinem Willen für unser Leben bleiben, können wir sicher sein, daß Gott alles sorgsam bemessen hat, ganz gleich, welche Probleme wir auch haben, welche Anfechtung oder Schwierigkeit wir auch erleiden. Durch das Leiden sollen wir die Kraft kennenlernen, die wir in Jesus haben. Wir sollen den Trost Gottes empfangen und so zu einem Werkzeug in Gottes Hand werden, das seinen Trost anderen bringt.

Wie bei Hiob will der Feind die Versuchungen und Anfechtungen gebrauchen, um uns den Glauben zu rauben. Mit den traumatischen Ereignissen in deinem Leben wollte er dich innerlich zerstören und dich unbrauchbar machen. Gott aber – indem er dich tröstet und dich heilt – gebraucht gerade diese Erlebnisse, die Anfechtungen und Probleme, die so schmerzhaft für dich waren und dir so viel Not gemacht haben, um dein Leben zum Segen für andere zu machen. Er benutzt also genau das, womit Satan dich zerstören wollte, um dich für sich brauchbar zu machen. Ist das nicht genau dein Wunsch? Wünschst du dir nicht, daß Gott dich gebrauchen kann, um anderen Heilung und Trost zu bringen?

Du hast Gottes Trost und Heilung und Stärkung empfangen. Nun bist du fähig, anderen diesen Trost weiterzugeben.

Willst du dir nicht gerade jetzt die Zeit nehmen, um Gott dafür zu danken?